FAMILIEN KÜCHE

W0297121

König Berg

INHALTSVERZEICHNIS

FRÜHSTÜCK UND PAUSEN-BROTE

Mit diesen Müslis, Smoothies, Aufstrichen & Co. startet die gesamte Familie perfekt in den Tag. Zusätzlich gibt es noch jede Menge Rezepte für leckere Pausenbrot-Ideen.

Frischkorn-Müsli mit Sommerfrüchten und Vanillejoghurt

Diese Powermischung mit geschrotetem Getreide, Nüssen und Obst macht selbst Morgenmuffel beim Frühstück munter.

120 g Haferkörner
120 g Dinkelkörner
2 EL getrocknete Cranberrys
2 EL Haselnusskerne
2 EL Sonnenblumenkerne
8 EL Sahne
4 EL Zitronensaft
2 reife Pfirsiche oder Nektarinen
250 g gemischte Beeren (z. B. Heidelbeeren, Himbeeren und/oder Johannisbeeren)
400 g Vollmilchjoghurt
½ TL gemahlene Vanille
2–3 EL flüssiger Honig

Für 4 Personen
Zubereitung: 25 Min. | Einweichen: 12 Std.
Pro Portion ca. 530 kcal, 16 g E, 21 g F, 69 g KH

1 Am Vorabend die Hafer- und Dinkelkörner in einer Getreidemühle grob schroten. Die Cranberrys grob hacken. Alles in einer Schüssel mit 400 ml Wasser verrühren, die Schrotmischung soll gerade bedeckt sein. Im Kühlschrank abgedeckt ca. 12 Std., am besten über Nacht, quellen lassen.

2 Am nächsten Morgen die Haselnusskerne grob hacken und mit den Sonnenblumenkernen in einer Pfanne ohne Fett bei mittlerer Hitze rösten, bis sie duften. Dann auf einen Teller geben und etwas abkühlen lassen.

3 Den Getreidebrei mit der Sahne, dem Zitronensaft, den Haselnuss- und den Sonnenblumenkernen vermischen. Die Pfirsiche oder die Nektarinen waschen, halbieren und entsteinen. Die Hälften in Spalten schneiden. Die Beeren – wenn nötig – behutsam waschen und verlesen, ggf. von den Stielen zupfen. Den Getreidebrei auf vier Teller verteilen, das Obst darauf anrichten.

4 Für den Vanillejoghurt den Joghurt mit der Vanille und dem Honig verrühren. Jeweils ein Viertel davon über jede Müsliportion verteilen.

VARIANTEN

Sie können die Schrotmischung auch in Joghurt, Kefir, Dickmilch oder einem anderen Sauermilchprodukt einweichen. Die darin enthaltene Milchsäure verhindert die Bildung von Bakterien. Getreide niemals in Milch oder Fruchtsaft quellen lassen, es fängt sonst an zu gären und ist dann weniger bekömmlich. Je nach Jahreszeit können Sie das Muntermacher-Müsli auch mit Orangen und Birnen, Trauben und Feigen, Banane und Apfel oder mit anderen Trockenfrüchten abwandeln.

TIPP

Wer keine Getreidemühle besitzt, kann alternativ eine Haushaltsmühle oder Omas alte Kaffeemühle benutzen. Im Reformhaus oder im Bioladen können Sie auch Getreide frisch schroten lassen oder fertig geschrotetes kaufen.

EXOTIK PUR

Kokos-Bananen-Müsli

40 g getrocknete Kokosraspel oder -chips | 1 Banane | 1 EL Zitronensaft | 2 rosa Grapefruits | 250 g Magerquark | 75 g gemischte Getreideflocken | 40 g getrocknete Cranberrys

Für 2 Personen
Zubereitung: 15 Min.
Pro Portion ca. 520 kcal, 25 g E, 15 g F, 67 g KH

1 Die Kokosraspel oder -chips in einer Pfanne ohne Fett goldbraun rösten. Auf einen Teller geben. Die Banane schälen und schräg in Scheiben schneiden, mit Zitronensaft beträufeln und in den Kokosraspeln wenden.

2 Von einer Grapefruit den Saft auspressen und mit dem Quark verrühren. Die andere Grapefruit halbieren und die Filets aus den Hälften lösen.

3 Getreideflocken mit Cranberrys und ausgelösten Grapefruitfilets mischen und in zwei Schalen verteilen, mit Grapefruitquark und Bananen anrichten.

Exotisches Schokomüsli

2 EL Haselnusskerne | 60 g gemischte Getreideflocken | 2 EL Schokoraspel | ½ TL Zimtpulver | ¼ TL gemahlener Ingwer | 50 g getrocknete Mango oder Ananas | 250 g Joghurt (1,5 % Fett) | 1 EL Honig

Für 2 Personen
Zubereitung: 10 Min.
Pro Portion ca. 440 kcal, 12 g E, 19 g F, 52 g KH

1 Die Haselnusskerne grob hacken und in einer kleinen Pfanne ohne Fett kurz rösten. Anschließend mit den Getreideflocken, den Schokoraspeln, dem Zimtpulver und dem Ingwer mischen.

2 Die getrockneten Mangos oder Ananas klein schneiden. Den Joghurt mit dem Honig verrühren. Das Schokomüsli mit den Trockenfrüchten und dem Joghurt servieren.

SAFTIG-CREMIG

Vanillebirnen mit Hafercreme

250 g Joghurt (3,5 % Fett) | 40 g Instant-Haferflocken | 2 TL flüssiger Honig | 3 feste Birnen | 2 EL Zitronensaft | 1 Pck. Vanillezucker | 4 EL kernige Haferflocken oder Flockenmüsli | 4 EL getrocknete Cranberrys

Für 2 Personen
Zubereitung: 15 Min.
Pro Portion ca. 455 kcal, 12 g E, 8 g F, 80 g KH

1 Den Joghurt mit den Instant-Haferflocken verrühren und mit dem Honig süßen.

2 Die Birnen waschen und abtrocknen, vierteln und vom Kerngehäuse befreien. Die Viertel längs in Spalten schneiden, mit Zitronensaft und Vanillezucker in einen breiten Topf geben und zugedeckt einmal aufkochen.

3 Die Birnen mit dem Sud und den Joghurt auf Teller verteilen. Kernige Haferflocken oder Flockenmüsli sowie die Cranberrys darüberstreuen.

Erdbeeren mit Pistazienquark

500 g Erdbeeren | 250 g Magerquark | 50 ml Milch | 1 EL Zucker | 25 g gehackte Pistazienkerne | 2 Scheiben süßes Hefebrot (à ca. 50 g) | ½ Bio-Zitrone

Für 2 Personen
Zubereitung: 15 Min.
Pro Portion ca. 410 kcal, 26 g E, 9 g F, 52 g KH

1 Die Erdbeeren waschen, putzen und in Scheiben schneiden oder vierteln. Den Quark mit der Milch und dem Zucker glatt rühren, die Pistazienkerne unterrühren.

2 Die Brotscheiben nach Belieben leicht toasten, mit dem Quark bestreichen und mit den Erdbeeren belegt auf zwei Teller verteilen.

3 Die Zitrone heiß abwaschen und abtrocknen, die Schale in feinen Spänen abziehen und den Saft auspressen. Beides zum Servieren über die Erdbeeren und den Quark geben.

EXOTISCHE KOMBI

Mango-Müsli Bircher Art

Guten Morgen, die Tropensonne geht auf! Der bodenständige Schweizer Müsli-Klassiker bekommt mit süß-saftiger Mango einen exotischen Touch.

40 g getrocknete Exotenmischung (z. B. Ananas, Mango, Papaya)
80 ml frisch gepresster Orangensaft
8 EL Limettensaft
120 g kernige Vollkornhaferflocken
150 g Sahnejoghurt
400 g Vollmilchjoghurt
1 reife Mango (ca. 400 g)
2 säuerliche Äpfel (z. B. Elstar)
60 g Cashewkerne
4 EL Agavendicksaft
Kakaopulver zum Bestäuben

Für 4 Personen
Zubereitung: 25 Min.
Pro Portion ca. 450 kcal, 13 g E, 18 g F, 58 g KH

1 Die getrockneten Früchte im Blitzhacker zerkleinern oder mit einem scharfen Messer in sehr kleine Stücke schneiden.

2 Die Exotenmischung in einem kleinen Topf mit dem Orangensaft und 4 EL Limettensaft einmal aufkochen und bei schwacher Hitze 2–3 Min. köcheln lassen. Den Topf vom Herd nehmen und die Mischung kurz abkühlen lassen. Anschließend mit den Haferflocken, dem Sahne- und dem Vollmilchjoghurt verrühren. Alles ca. 10 Min. einweichen.

3 Inzwischen die Mango schälen, das Fruchtfleisch großzügig vom Stein schneiden und ca. 1 cm groß würfeln. Die Hälfte der Mangowürfel in einer Schüssel mit 1 EL Limettensaft beträufeln. Die restlichen Mangowürfel mit 1 EL Limettensaft im Mixer oder mit dem Pürierstab fein pürieren.

4 Die Äpfel waschen, abtrocknen und vierteln. Die Apfelviertel entkernen und mit der Schale direkt in den übrigen Limettensaft raspeln.

5 Die Cashewkerne im Blitzhacker oder mit einem Messer grob hacken. Dann das Mangopüree, 2 EL Agavendicksaft, zwei Drittel der Cashewkerne sowie die Apfelraspel unter die eingeweichte Haferflockenmischung rühren.

6 Das Müsli in vier Schalen geben und mit den Mangowürfelchen garnieren. Restliche Cashewkerne aufstreuen und alles mit dem übrigen Agavendicksaft beträufeln. Das Müsli mit Kakaopulver bestäubt servieren.

TIPP

Köcheln Sie mit der getrockneten Exotenmischung noch 1 TL fein geriebenen Ingwer im Orangensaft mit. Der sorgt nicht nur für eine fruchtig-scharfe Note, sondern bringt Sie auch morgens gleich richtig in Schwung.

GEGEN FRÜHJAHRS-MÜDIGKEIT

Pink Power-Smoothie

150 g Erdbeeren | 1 Banane | 1 TL Zitronensaft | 1 EL Himbeersirup | 200 ml Milch | 50 g Sahne

Für 2 Personen
Zubereitung: 5 Min.
Pro Portion ca. 235 kcal, 5 g E, 12 g F, 25 g KH

1 Die Erdbeeren gründlich waschen und entkelchen. Die Banane schälen und zerkleinern.

2 Die Erdbeeren und Bananenstückchen mit dem Zitronensaft und dem Sirup in einem hohen Becher mit dem Pürierstab oder im Mixer fein pürieren. Milch und Sahne dazugießen und alles leicht schaumig pürieren. Den Drink sofort servieren.

TAUSCHTIPPS

Kalorienbewusste verzichten auf die Sahne. Wer keine Milchprodukte verträgt, kann stattdessen auch Sojadrink (mit Vanillegeschmack) untermixen. Im Sommer Himbeeren oder Heidelbeeren verwenden.

Kiwi-Melonen-Smoothie

8 Blättchen Zitronenmelisse | ½ Honigmelone | 2 Kiwis | 1 Limette | 1–2 EL Rohrohrzucker

Für 2 Personen
Zubereitung: 10 Min.
Pro Portion ca. 170 kcal, 2 g E, 1 g F, 37 g KH

1 Die Kräuterblättchen waschen, trocken tupfen und nebeneinander im Tiefkühlfach gefrieren lassen.

2 Inzwischen die Honigmelone entkernen. Das Fruchtfleisch aus der Schale schneiden und in grobe Würfel schneiden. Die Kiwis schälen und grob zerkleinern.

3 Die Limette auspressen. Die Kiwi- und Melonenstückchen mit dem Limettensaft, 200 ml Wasser, 4 Melisseblättchen und dem Zucker in einem hohen Becher mit dem Pürierstab oder im Mixer fein pürieren. Den Smoothie mit den restlichen Melisseblättchen garniert servieren.

SCHÖN CREMIG & FRUCHTIG

Aprikosen-Smoothie

500 g Aprikosen | 3–4 Bananen (ca. 400 g) | 2 EL Zitronensaft | 400 g Dickmilch | 200 ml Orangensaft | 4 EL flüssiger Honig | kleine Holzspieße

Für 4 Personen
Zubereitung: 20 Min.
Pro Portion ca. 335 kcal, 1 g E, 0 g F, 80 g KH

1 Die Aprikosen waschen, halbieren, entsteinen und in Spalten schneiden. Die Bananen schälen und in Scheiben schneiden, in den Mixer geben und sofort mit dem Zitronensaft beträufeln. 8 Aprikosenspalten beiseitelegen, die übrigen zu den Bananen geben.

2 Dickmilch, Orangensaft und Honig dazugeben und alles fein pürieren. Den Smoothie auf vier große Gläser verteilen.

3 Je 2 Aprikosenspalten auf einen Holzspieß stecken und den Drink damit garnieren. Mit einem dicken Trinkhalm oder Löffel servieren.

Himbeer-Colada

2 Bio-Limetten | 250 g Himbeeren | 125 ml Ananassaft | 300 g Naturjoghurt | 400 g ungesüßte Kokosmilch (aus der Dose) | 6 TL flüssiger Honig | 8 Eiswürfel | Minze zum Garnieren (nach Belieben)

Für 4 Personen
Zubereitung: 15 Min.
Pro Portion ca. 310 kcal, 7 g E, 22 g F, 18 g KH

1 Limetten heiß waschen, abtrocknen und die Schale fein abreiben. Limetten halbieren, eine Hälfte längs in Spalten schneiden und beiseitelegen, die übrigen Hälften auspressen.

2 Himbeeren verlesen, mit Limetten- und Ananassaft in den Mixer geben und fein pürieren. Joghurt, Kokosmilch, Honig und Limettenschale hinzufügen. Alles noch einmal kurz und kräftig aufmixen.

3 Die Eiswürfel auf vier Gläser verteilen und den Drink darauf verteilen. Limettenspalten einschneiden und als Deko an den Glasrand stecken. Nach Belieben mit Minze dekorieren.

MACHT GLÜCKLICH

Hefezopf

Mit Butter und Marmelade bestrichen ist dieses klassische Ostergebäck ein wahrer Frühstückstraum für die ganze Familie.

200 ml Milch
100 g Zucker
½ Würfel frische Hefe (ca. 20 g, ersatzweise 1 Pck. Trockenhefe)
500 g Mehl und etwas Mehl zum Arbeiten
1 TL Salz
3 Eier (M)
100 g weiche Butter
Hagelzucker zum Bestreuen

Für 1 Zopf (20 Scheiben)
Zubereitung: 25 Min. | Gehen: 2 Std. | Backen: 40 Min.
Pro Scheibe ca. 165 kcal, 4 g E, 6 g F, 25 g KH

1 Von der Milch 1 EL abnehmen und beiseitestellen. Den Rest lauwarm erhitzen und mit 1 TL Zucker in ein Schüsselchen geben, Hefe hineinbröckeln und alles glatt verrühren. Den Hefeansatz ca. 5 Min. gehen lassen.

2 Mehl, restlichen Zucker und Salz in einer Rührschüssel mischen. 2 Eier, Butter und Hefeansatz dazugeben. Alles mit den Knethaken des Handrührgeräts in mind. 5 Min. zu einem glatten Teig verkneten. Mit einem Küchentuch abdecken und den Teig an einem warmen Ort 1–2 Std. gehen lassen, bis sich das Volumen verdoppelt hat.

3 Dann den Backofen auf 180° vorheizen. Ein Backblech mit Backpapier auslegen.

4 Den Teig mit etwas Mehl bestäuben und mit den Händen nochmals kurz durchkneten. Teig in 2 Portionen teilen und jeweils auf dem Blech zu einem langen Strang (ca. 40 cm) formen. Beide Teigstränge miteinander verflechten und die Enden gut zusammendrücken.

5 Übriges Ei und restliche Milch verquirlen und den Zopf damit bestreichen. Mit reichlich Hagelzucker bestreuen. Im Ofen (Mitte) in ca. 40 Min. goldbraun backen.

6 Den fertigen Zopf aus dem Ofen holen und auf einem Kuchengitter lauwarm abkühlen oder völlig auskühlen lassen.

VARIANTEN

Noch 250 g Rosinen, getrocknete Cranberrys oder Schokotropfen nach ca. 5 Min. Knetzeit kurz unter den Teig arbeiten. Ein paar Spritzer Rum- oder Bittermandelaroma verfeinern zusätzlich.

oben: Erdbeer-Limetten-Marmelade | unten: Apfel-Himbeer-Marmelade

Erdbeer-Limetten-Marmelade

450 g Erdbeeren (notfalls TK)
2 Bio-Limetten
6 EL Tequila (nach Belieben)
100 g brauner Zucker
100 g weißer Zucker
½ Päckchen Gelfix (2:1)

Für 2 Gläser (à 300 ml)
Zubereitung: 35 Min. | Marinieren: 12 Std.
Pro Portion (ca. 20 g) ca. 30 kcal, 0 g E, 0 g F, 8 g KH

1 Die Erdbeeren waschen, gut abtropfen lassen, putzen und klein würfeln. Die Limetten heiß waschen und abtrocknen. Von 1 Limette die Schale in feinen Streifen abziehen oder abreiben. Den Saft aus beiden Limetten auspressen. Erdbeeren mit Limettensaft und -schale, nach Belieben Tequila und dem braunen Zucker mischen und möglichst über Nacht zugedeckt Wasser ziehen lassen.

2 Am nächsten Tag die Gläser heiß ausspülen, abtrocknen und bereitstellen. Den weißen Zucker mit Geliermittel und den Erdbeeren in einem Topf verrühren, unter Rühren zum Kochen bringen und bei großer Hitze unter Rühren ca. 3 Min. kochen lassen. Dann heiß in saubere Marmeladengläser füllen und sofort verschließen. Auf den Deckel stellen und nach ca. 10 Min. wieder umdrehen.

Apfel-Himbeer-Marmelade

2 Äpfel (geputzt ca. 200 g)
2 EL Limettensaft
300 g Himbeeren
Mark von ½ Vanilleschote
1 Msp. Zimtpulver
250 g Gelierzucker (2:1)
3 EL Himbeergeist (nach Belieben)

Für 2 Gläser (à 250 ml)
Zubereitung: 25 Min.
Pro Portion (ca. 20 g) ca. 50 kcal, 0 g E, 0 g F, 11 g KH

1 Die Äpfel schälen, vierteln, Kerngehäuse entfernen, dann in ca. 1 cm große Würfelchen schneiden und mit Limettensaft mischen. Himbeeren waschen, trocken tupfen und mit den Äpfeln, Vanillemark, Zimtpulver und Gelierzucker in einem Topf mischen.

2 Die Gläser heiß ausspülen, abtrocknen und bereitstellen. Bei großer Hitze einmal aufkochen und unter Rühren ca. 3 Min. sprudelnd kochen lassen. Himbeergeist nach Belieben unterrühren, dann heiß in saubere Marmeladengläser füllen und sofort verschließen. Auf den Deckel stellen und nach ca. 10 Min. wieder umdrehen.

VARIANTE
Anstelle des Vanillemarks ca. 10 fein gehackte Rosmarinnadeln unter die Marmelade rühren. So schmeckt die Marmelade auch mal zu Wild oder kaltem Braten.

GANZ EINFACH & SCHNELL

Aprikosen-Mandel-Honig

12 getrocknete Aprikosen
1 Vanilleschote
Saft von 1 Orange
2 EL Orangenlikör (nach Belieben)
3 EL ganze geschälte Mandeln
200 g Akazienhonig

Für 1 Glas (ca. 250 g)
Zubereitung: 25 Min. | Ruhen: 18 Std.
Pro Portion (ca. 20 g) ca. 95 kcal, 1 g E, 2 g F, 17 g KH

1 Die Aprikosen in kleine Würfel schneiden. Die Vanilleschote aufschlitzen und das Mark mit einem spitzen Messer herauskratzen. Aprikosen, Vanillemark und Schote mit dem Orangensaft in einen Topf geben und bei kleiner Hitze ca. 5 Min. leicht kochen lassen. Nach Belieben den Orangenlikör zugeben und zugedeckt ca. 6 Std. ziehen lassen.

2 Die Mandeln in einer Pfanne ohne Fett nur ganz leicht hellbraun anrösten und abkühlen lassen. Dann mit den Aprikosen unter den Honig mischen, in ein Glas füllen, fest verschließen und mindestens über Nacht durchziehen lassen.

VARIANTE

Einen etwas herberen Geschmack geben grob gehackte Walnüsse anstelle der Mandeln.

Beerenfrischkäse mit Schokolade

250 g Himbeeren (frisch oder TK)
½ Limette
2 EL Zucker
200 g körniger Frischkäse
40 g weiße Schokolade
2 EL Mandelblättchen
1 TL Butter
1 Pck. Vanillezucker

Für 4 Personen
Zubereitung: 25 Min.
Pro Portion ca. 185 kcal, 9 g E, 10 g F, 13 g KH

1 Die Beeren waschen und gut trocken tupfen, TK-Beeren auftauen lassen. Die Hälfte der Früchte mit einer Gabel möglichst fein zermusen. Die Limette heiß waschen, abtrocknen, 1 Msp. Schale abreiben und 1 EL Saft auspressen. Beides mit dem Zucker unter das Himbeermus rühren und mit dem Frischkäse mischen.

2 Die Schokolade in Späne hobeln oder hacken. Die Mandelblättchen in einem Pfännchen in der Butter bei mittlerer Hitze goldbraun rösten. Den Vanillezucker unterrühren, vom Herd nehmen und abkühlen lassen. Die übrigen Himbeeren mit jeweils der Hälfte Schokolade und Mandelblättchen unter den Frischkäse heben. Mit den restlichen Mandelblättchen und der Schokolade bestreut servieren.

TAUSCHTIPPS

Anstelle von Himbeeren schmecken auch Erdbeeren, Heidelbeeren oder eine TK-Beerenmischung.

oben: Aprikosen-Mandel-Honig | unten: Beerenfrischkäse

FRISCH BESONDERS LECKER

Laugenbrötchen

½ Würfel frische Hefe (ca. 20 g)
1 Prise Zucker
400 g Mehl
1 geh. TL Salz
50 g Natron (aus dem Backregal)
1 EL grobes Meersalz
12 Förmchen mit je ca. 100 ml Inhalt

Für 12 Stück
Zubereitung: 25 Min. | Ruhen: 1 Std. | Backen: 20 Min.
Pro Stück ca. 115 kcal, 4 g E, 0 g F, 24 g KH

1 Die Hefe in kleine Stücke krümeln und mit dem Zucker und 275 ml lauwarmem Wasser glatt verrühren. Das Mehl mit dem Salz in einer Schüssel mischen. Die angerührte Hefe dazugeben und alles mit den Knethaken des Handrührgeräts zu einem glatten, weichen Teig verarbeiten. Den Teig in der Schüssel mit einem Tuch zugedeckt an einem warmen Ort ca. 1 Std. gehen lassen.

2 Den Teig dann noch einmal durchkneten und mit bemehlten Händen in 12 Portionen teilen. Jeweils zu länglichen Broten formen. Den Backofen auf 220° (Umluft 200°) vorheizen.

3 In einem großen Topf 1,5 l Wasser mit dem Natron zum Kochen bringen und sprudelnd kochen lassen. Die Brote einzeln mit dem Schaumlöffel in die Lauge geben, untertauchen und ca. ½ Min. kochen lassen. Mit dem Schaumlöffel wieder herausheben und jeweils in 1 Förmchen geben. Die Laibe mit grobem Meersalz bestreuen.

4 Die Laugenbrötchen im heißen Ofen (Mitte) ca. 20 Min. backen, bis sie aufgegangen und schön gebräunt sind. Dann etwas abkühlen lassen, aus den Formen nehmen und die Brötchen auf einem Kuchengitter ganz auskühlen lassen.

EXTRA SAFTIG

Quark-Dinkel-Brote

½ Würfel frische Hefe (ca. 20 g)
1 TL Honig
1 EL Quark (20 % Fett)
100 g Dinkelmehl (Type 630)
300 g Dinkelvollkornmehl
1 TL Salz
je 1 große Prise gemahlener Koriander und Kümmel (nach Belieben)
12 Förmchen mit je ca. 100 ml Inhalt

Für 12 Stück
Zubereitung: 15 Min. | Ruhen: 1 Std. | Backen: 35 Min.
Pro Stück ca. 120 kcal, 5 g E, 1 g F, 22 g KH

1 Die Hefe in kleine Stücke krümeln und mit Honig und 300 ml lauwarmem Wasser glatt verrühren. Den Quark mit Mehl, Salz und nach Belieben den Gewürzen in eine Schüssel füllen. Die angerührte Hefe dazugeben und alles mit den Knethaken des Handrührgeräts zu einem glatten, weichen Teig verarbeiten. Den Teig in der Schüssel zugedeckt an einem warmen Ort ca. 1 Std. gehen lassen.

2 Den Teig noch einmal durchrühren und in die Förmchen verteilen. Den Backofen auf 225° (Umluft 200°) schalten. Die Mini-Brote in den kalten Ofen (Mitte) schieben und ca. 35 Min. backen. Die Brote aus der Form lösen und auf einem Kuchengitter komplett abkühlen lassen.

TIPP

Machen Sie ruhig mal die doppelte Menge und frieren Sie einen Teil der Brote ein. Dann die Brote in den kalten Backofen schieben und auf 180° aufheizen. Wenn der Ofen die Temperatur erreicht hat, brauchen die Mini-Brote noch ca. 5 Min., dann sind sie servierfertig.

SCHÖN WÜRZIG

Würziger Bärlauch-Obatzter

60 g Bärlauch | 2 EL weiche Butter | 4 EL Speisequark | 200 g reifer Camembert | ¼ TL Kümmelsamen | Salz | Pfeffer

Für 4 Personen
Zubereitung: 20 Min. | Kühlen: 1 Std.
Pro Portion ca. 235 kcal, 13 g E, 20 g F, 1 g KH

1 Bärlauch waschen, trocken tupfen, Stiele entfernen, Blätter grob zerschneiden und mit weicher Butter und Quark pürieren.

2 Camembert entrinden, grob würfeln, dann mit einer Gabel fein zerdrücken. Bärlauch-Mischung und Kümmel unterrühren. Obatzten mit Salz und Pfeffer würzen und zugedeckt ca. 1 Std. kalt stellen.

UND DAZU?

Obatzten auf dünne, geröstete Landbrotscheiben streichen und mit Paprikapulver bestäuben. Oder als Dip zu Crackern oder Brot-Chips und Rettich reichen.

Meerrettich-Frischkäse mit Dill

300 g Frischkäse | 4 EL Milch | 1 EL Zitronensaft | 2 TL Meerrettich (aus dem Glas) | 2 TL flüssiger Honig | Salz | Pfeffer | 1 Bund Dill

Für 4 Personen
Zubereitung: 10 Min.
Pro Portion ca. 225 kcal, 5 g E, 20 g F, 5 g KH

1 Den Frischkäse mit Milch und Zitronensaft verrühren. Den Meerrettich untermischen und die Mischung mit Honig, Salz und Pfeffer würzen.

2 Den Dill waschen, trocken schütteln, Blättchen abzupfen und hacken. Unter den Aufstrich mischen.

UND DAZU?

4 große Scheiben Bauernbrot mit Frischkäse bestreichen. Nach Wahl 1 Salatgurke in feine Scheiben hobeln oder 2 rote Spitzpaprika in sehr kleine Würfel schneiden und auf die Brote verteilen. Mit Dill garnieren.

EINFACH OHNE KOCHEN

Erdnuss-Kokos-Aufstrich

150 g stückige Erdnusscreme (aus dem Glas) | 5 EL ungesüßte Kokosmilch (aus der Dose) | 1–2 TL Sojasauce | 1 kleine Knoblauchzehe | 2 TL Limettensaft | etwas abgeriebene Bio-Limettenschale | Salz | Cayennepfeffer | 4–5 Stängel Petersilie

Für 4 Personen
Zubereitung: 10 Min.
Pro Portion ca. 255 kcal, 10 g E, 21 g F, 5 g KH

1 Die Erdnusscreme mit Kokosmilch und Sojasauce zu einer geschmeidigen Paste verrühren. Die Knoblauchzehe schälen und dazupressen und die Creme mit Limettensaft und -schale sowie Salz und Cayennepfeffer pikant abschmecken.

2 Die Petersilie waschen und trocken schütteln, die Blätter abzupfen und den Brotaufstrich damit garnieren.

Erdbeer-Orangen-Aufstrich

1 Bio-Orange | 250 g Erdbeeren | 1 Pck. Zitronensäure | 2 Pck. Gelierzucker für Fruchtaufstrich ohne Kochen (à 125 g)

Für 2 Gläser (à 300 g)
Zubereitung: 20 Min.
Pro Portion (ca. 20 g) ca. 35 kcal, 0 g E, 0 g F, 9 g KH

1 Die Orange heiß waschen, abtrocknen und die Schale fein abreiben. Die Orange samt der weißen Haut schälen und grob würfeln. Die Erdbeeren waschen, trocken tupfen, entkelchen und grob zerteilen.

2 Orange und Erdbeeren pürieren. Das Püree mit Zitronensäure, Orangenschale und Gelierzucker mit den Quirlen des Handrührgeräts ca. 45 Sekunden verrühren. Den Aufstrich sofort randvoll in Gläser mit Twist-off-Deckel füllen und diese verschließen. Den Fruchtaufstrich im Kühlschrank aufbewahren. Er hält sich gekühlt ca. 14 Tage.

FRÜHLINGSFRISCH & KRÄUTERSATT

Kräuterquark

Ein leichter, frischer Kräuterquark, der nicht nur prima aufs Brot passt, sondern auch Pellkartoffeln in Frühlingslaune versetzt.

1 Bund frische Frühlingskräuter (z. B. Borretsch, Dill, Petersilie, Schnittlauch, Estragon, Liebstöckel)
250 g Quark (20 % Fett)
2 EL Crème fraîche
abgeriebene Schale von ½ Bio-Zitrone
1 Msp. edelsüßes Paprikapulver
2 Msp. gemahlener Kreuzkümmel
Salz
Pfeffer

Für 4 Personen
Zubereitung: 15 Min.
Pro Portion ca. 110 kcal, 8 g E, 7 g F, 2 g KH

1 Die Kräuter waschen und trocknen, die Blättchen fein hacken. Den Schnittlauch in ganz feine Röllchen schneiden.

2 Den Quark mit der Crème fraîche, der Zitronenschale, dem Paprikapulver und Kreuzkümmel glatt rühren. Die Kräuter unterheben und kräftig mit Salz und Pfeffer abschmecken.

VARIANTE

Der Sommer beschert uns weitere frische Kräuter, aus denen Sie diese kräuterkräftige mediterrane Quarkvariante anrühren können: je ½ Bund Basilikum und Petersilie waschen und trocknen, die Blättchen klein schneiden. Je 3 Zweige Thymian und Oregano und 1 Zweig Rosmarin waschen und trocknen, Blättchen und Nadeln hacken. Die Kräuter mit 250 g Magerquark, 2 EL Mascarpone und abgeriebener Schale von ½ Bio-Zitrone mischen. 1 EL Kapern und 8 grüne, in Salzlake eingelegte Oliven ohne Stein hacken und unterrühren. Mit Salz, Pfeffer und Chilipulver würzen.

TAUSCHTIPP

Kein frisches Grün im Haus? Dann sind TK-Kräutermischungen die Rettung. Egal, ob Sie die reine Mischung oder eine italienische Mischung mit Zwiebelwürfelchen wählen, die Kräuter nur kurz antauen lassen und unter den Quark mischen. Mit Salz, Pfeffer und Paprikapulver würzen und nach Geschmack mit Oliven, Kapern, Sardellen oder getrockneten Tomaten aufpeppen.

TIPP

Keine Lust, lange auf Kräuterjagd zu gehen? Dann fragen Sie Ihren Gemüsehändler nach Kräutern für Grüne Sauce; diese klassische Mischung von Frühlingskräutern gibt es saisonal oft fertig im Bund zu kaufen. Ebenfalls ein tolles Saisonprodukt: frischer Bärlauch. Davon einfach ca. 40–50 g waschen, trocknen und klein schneiden. Solo oder mit anderen Kräutern kombiniert unter den Quark mischen.

UND DAZU?

Reichen Sie dazu herzhaftes Bauernbrot, Vollkornbrot oder Pumpernickel. Der Quark ist auch fein zu Pellkartoffeln oder Ofenkartoffeln und schmeckt auch als Dip für frisches Gemüse wie Gurken, Möhren oder Paprikaschoten.

KNUSPRIG KNACKIG

Kürbiskernriegel mit Sesam

100 g Butter
150 g Zucker
30 g flüssiger Honig
125 g Sahne
Salz
180 g Mandelstifte
150 g Kürbiskerne
60 g Sesam und etwas Sesam zum Wenden

Für 12 Stück
Zubereitung: 25 Min. | Backen: 10 Min.
Pro Stück ca. 365 kcal, 8 g E, 29 g F, 18 g KH

1 Backofen auf 200° (Umluft 180°) vorheizen. In einer Pfanne Butter, Zucker, Honig, Sahne und 1 Prise Salz erhitzen und unter Rühren ca. 5 Min. köcheln. Mandeln, Kürbiskerne und Sesam untermischen. Die Masse auf ein kleines, mit Backpapier ausgelegtes Backblech geben. (Ein normal großes Backblech vorher mit gefalteter Alufolie halbieren).

2 Die Körnermasse im heißen Ofen auf der untersten Schiene 9–11 Min. backen, sie ist dann noch relativ weich. Herausnehmen und die Masse leicht abkühlen lassen, dadurch wird sie fester. Noch weich in ca. 12 Stücke schneiden und die Riegel vollständig abkühlen lassen.

3 Körnerriegel vom Backpapier lösen und in Sesam wenden, damit sie nicht aneinanderkleben. Am besten einzeln in Frischhaltefolie oder Pergamentpapier verpacken.

MACHT SATT

Bananen-Müsliriegel

200 g brauner Zucker
180 g weiche Butter
1 Ei
Salz
1 TL Zimtpulver
2 reife Bananen
300 g grobe Haferflocken
60 g gehackte Walnusskerne
60 g gehackte Mandeln

Für 20 Stück
Zubereitung: 15 Min. | Backen: 40 Min.
Pro Stück ca. 215 kcal, 4 g E, 12 g F, 21 g KH

1 Backofen auf 200° (Umluft 180°) vorheizen. Braunen Zucker und Butter schaumig schlagen, dann das Ei, 1 Prise Salz und den Zimt unterrühren. Bananen schälen, in Scheiben schneiden und mit einer Gabel zerdrücken. Bananenmus mit Haferflocken, Walnusskerne und Mandeln unter die Butter-Ei-Masse mischen.

2 Die Masse auf ein mit Backpapier ausgelegtes Backblech streichen und im Ofen 30–40 Min. backen.

3 Herausnehmen, Masse abkühlen lassen und in Riegel schneiden. Einzeln in Pergamentpapier einpacken.

TIPP

Die Riegel gelingen im Umluftofen besser, bei Ober-/Unterhitze werden sie nicht so schnell fest. Zum Aufbewahren können Sie sie auch einfrieren, denn sie halten sich sonst nicht sehr lange.

TOLLE KOMBINATION

Speck-Pilz-Sandwich

1 Schalotte
150 g Egerlinge oder Champignons
6 dünne Scheiben durchwachsener Räucherspeck
Salz
Pfeffer
3 EL Frischkäse
½–1 TL mittelscharfer Senf
1 TL gehackte TK-Petersilie
4 Scheiben Vollkorn-Sandwichbrot

Für 2 Personen
Zubereitung: 35 Min. | Kühlen: über Nacht
Pro Portion ca. 375 kcal, 10 g E, 26 g F, 42 g KH

1 Die Schalotte schälen und fein würfeln. Die Pilze trocken abreiben, putzen und sehr fein würfeln.

2 Den Speck in einer Pfanne ohne Fett bei starker Hitze auslassen, bis er knusprig ist. Herausnehmen und beiseitestellen. Schalotte in die Pfanne geben und glasig braten. Pilze dazugeben und bei mittlerer Hitze ca. 6 Min. braten, bis alle Flüssigkeit verdampft ist. Salzen, pfeffern, etwas abkühlen lassen.

3 Frischkäse, ½ TL Senf und die Petersilie unter die Pilze mischen und die Creme mit Salz, Pfeffer und nach Belieben Senf abschmecken. Speck und Pilzcreme über Nacht zugedeckt kalt stellen.

4 Am nächsten Morgen das Sandwichbrot im Toaster goldbraun rösten. Auf jede Brotscheibe je ein Viertel der Pilzcreme streichen. 2 Brotscheiben mit je 3 Speckscheiben belegen. Die übrigen Brotscheiben mit der bestrichenen Seite nach unten auflegen und leicht andrücken.

5 Die Sandwiches für den Transport entweder in Alu- oder Frischhaltefolie wickeln oder mit je einem Zahnstocher fixiert in eine Brotzeitdose legen.

GESCHMACK SATT

Avocado-Tramezzini

10 Petersilienblättchen | 60 g Kidneybohnen (aus der Dose) | 2 EL saure Sahne | Salz | Pfeffer | 2 getrocknete, in Öl eingelegte Tomaten | ½ Avocado | 1 EL Zitronensaft | 2 Spritzer Tabasco | 3 Scheiben Tramezzinibrot | 50 g frisch geriebener Cheddar oder Gouda

Für 2 Personen
Zubereitung: 15 Min.
Pro Portion ca. 475 kcal, 16 g E, 26 g F, 41 g KH

1 Petersilie, Bohnen und Sahne mit dem Stabmixer fein pürieren, salzen, pfeffern. Die Tomaten klein schneiden. Avocadofruchtfleisch aus der Schale löffeln, mit einer Gabel zermusen, mit Zitronensaft, Tabasco und Tomaten mischen, salzen, pfeffern.

2 Bohnenpaste auf 1 Brotscheibe, Avocadocreme auf 1 weitere streichen. Käse auf die Bohnenpaste streuen, darauf das Avocadobrot legen. Die leere Brotscheibe auflegen, leicht andrücken. Tramezzini erst quer halbieren, dann diagonal durchschneiden und jedes Stück straff in Frischhaltefolie wickeln.

Lachs-Tramezzini

2 EL saure Sahne | ½ TL Wasabipaste (aus der Tube) | 1 EL Mayonnaise | 2 Scheiben Tramezzinibrot | 100 g Räucherlachs in Scheiben | 2 EL Sprossen (z. B. Alfalfa, Radieschen oder Senf)

Für 2 Personen
Zubereitung: 5 Min.
Pro Portion ca. 380 kcal, 20 g E, 22 g F, 25 g KH

1 Sahne mit Wasabi und Mayonnaise verrühren. Die Creme auf beiden Brotscheiben verstreichen.

2 Lachs auf 1 Brotscheibe verteilen, mit Sprossen belegen. Das zweite Brot mit der bestrichenen Seite nach unten auflegen, leicht andrücken. Tramezzini zuerst quer halbieren, dann diagonal durchschneiden. Jedes Stück straff in Frischhaltefolie wickeln.

FÜR DIE DEFTIGE BROTZEIT

Bauernbrot mit Schinkencreme

Hochgenuss nicht nur für Gipfelstürmer: Bei einer zünftigen Brettl-Jause sollte dieser Aufstrich auf keinen Fall fehlen.

100 g Tiroler Schinkenspeck (ersatzweise Schwarzwälder Schinkenspeck)
125 g Topfen (oder Quark, 40 % Fett)
3 EL Sahne
2 EL frisch geriebener Bergkäse
1 Bund Schnittlauch
30 g Bärlauch
Salz
Pfeffer
4 Scheiben Bauernbrot

Für 4 Personen
Zubereitung: 20 Min.
Pro Portion ca. 285 kcal, 15 g E, 13 g F, 27 g KH

1 Den Speck von der Schwarte befreien und in dünne, feine Streifen schneiden. Den Topfen und die Sahne glatt rühren, den Bergkäse unterrühren.

2 Schnittlauch und Bärlauch waschen und trocknen. Den Schnittlauch in Röllchen schneiden, den Bärlauch fein hacken. Beides mit dem Schinken unter die Creme rühren. Die Creme mit Salz und Pfeffer würzen.

3 Bauernbrotscheiben halbieren, mit Schinkencreme bestreichen und zusammenklappen. Für den Transport in Folie wickeln oder in eine Brotzeittüte stecken.

VARIANTE – ROSMARIN-SCHINKEN-CREME

Nicht ganz so herzhaft, sondern eher mild und sanft schmeckt dieser Aufstrich. Damit er aber nicht fade wird, verwenden Sie geräucherten gekochten Schinken (z. B. Prager Schinken).
Einfach 120 g Schinken vom Fettrand befreien und in grobe Stücke schneiden. Schinkenstücke, ca. 70 g Sahne und 3 EL Mascarpone mit dem Pürierstab fein pürieren. 6 in Öl eingelegte getrocknete Tomaten fein würfeln. 2 Zweige Rosmarin waschen und trocknen, die Nadeln so fein wie möglich hacken. Beides unter die Creme mischen, mit Salz, Pfeffer und edelsüßem Paprikapulver würzen. ¼ Bund Rucola waschen, trocknen, die harten Stiele abschneiden. Die Blättchen in feine Streifen schneiden und unter die Creme mischen. Die Creme passt ideal zu Schwarzbrot, Vollkornbrot und Pumpernickel. Mit Tomaten, Gurken oder Essiggurkenscheiben belegt, sieht sie richtig gut aus.

TIPP

Sollte keine Bärlauchsaison sein: Nehmen Sie einfach je nach gewünschter Geschmacksintensität 1–2 EL Bärlauchpaste oder Pesto aus dem Glas.

KÖSTLICH FEIN

Antipasti-Baguette mit Fenchelsalami

50 g gegrillte, in Öl eingelegte Paprikaschoten (aus dem Glas)
2 getrocknete, in Öl eingelegte Tomaten
1 Baguettebrötchen
2 TL schwarze Oliven-Tapenade (aus dem Glas)
6 dünne Scheiben Fenchelsalami
1 EL Ziegenfrischkäse

Für 1 Person
Zubereitung: 5 Min.
Pro Portion ca. 370 kcal, 12 g E, 20 g F, 32 g KH

1 Die Paprikaschoten und die Tomaten abtropfen lassen und in dünne Streifen schneiden. Das Brötchen aufschneiden und beide Hälften dünn mit der Tapenade bestreichen.

2 Die untere Brötchenhälfte mit Salami belegen, Paprika und Tomaten daraufgeben. Den Frischkäse darauf verteilen, obere Brötchenhälfte mit Tapenade-Seite nach unten auflegen. Für den Transport: Sandwich in Folie wickeln oder in eine Brotzeittüte stecken.

TIPP

Die eingelegten Paprikaschoten können Sie auch selber machen! Dafür den Backofengrill vorheizen. Je 2 rote und 2 gelbe Paprikaschoten halbieren, putzen, waschen. Paprikahälften mit den Schnittflächen nach unten auf ein mit extrastarker Alufolie belegtes Blech legen und in den Ofen (Mitte) schieben. Die Paprika unter dem Grill ca. 15 Min. rösten, bis die Haut schwarze Blasen wirft. Schoten aus dem Ofen nehmen und ca. 5 Min. mit einem feuchten Tuch bedecken, dann häuten und längs in ca. 3 cm breite Streifen schneiden. Paprika in einem Schraubglas mit Olivenöl bedecken. Haltbarkeit: im Kühlschrank ca. 2 Wochen.

SUPER-
LECKER

Sandwich à la Mexiko

1 kleine Dose Kidneybohnen (ca. 200 g) | 60 g leichter Frischkäse (12 % Fett) | 1 rote Chilischote | Salz | Pfeffer | 1 TL gemahlener Kreuzkümmel | 1 gelbe Paprikaschote | 2 Blätter Eisbergsalat | 2 große Vollkornbrötchen (à ca. 60 g) | 2 EL Butter | 100 g Putenbrustaufschnitt (in sehr dünnen Scheiben)

Für 2 Personen
Zubereitung: 15 Min.
Pro Portion ca. 510 kcal, 22 g E, 23 g F, 48 g KH

1 Kidneybohnen in einem Sieb kalt abbrausen, abtropfen lassen und mit dem Frischkäse pürieren. Chili waschen, putzen, entkernen, fein hacken und unter die Bohnencreme rühren. Mit Salz, Pfeffer und Kreuzkümmel abschmecken.

2 Paprika waschen und putzen, in schmale lange Streifen schneiden. Salat waschen, trocken schütteln und in Streifen zupfen. Brötchen halbieren, alle Hälften mit Butter und Bohnencreme bestreichen und mit Salat, Paprika und dem Putenbrustaufschnitt belegt wieder zusammensetzen.

Panini toskanische Art

2 Zucchini | 1 EL Öl | Salz | Pfeffer | 1 EL Zitronensaft | 4 getrocknete, in Marinade eingelegte Tomaten | 75 g Pecorino (oder Parmesan) | 2 Ciabatta-Brötchen (à ca. 65 g) | 50 g Pesto (aus dem Glas)

Für 2 Personen
Zubereitung: 15 Min.
Pro Portion ca. 445 kcal, 18 g E, 26 g F, 35 g KH

1 Die Zucchini waschen, putzen und in dünne Scheiben schneiden. Im heißen Öl in einer beschichteten Pfanne ca. 2 Min. von beiden Seiten braten, mit Salz, Pfeffer und Zitronensaft würzen und abkühlen lassen.

2 Die Tomaten abtropfen lassen und in Streifen schneiden. Den Pecorino hobeln.

3 Die Brötchen aufschneiden, alle Hälften mit Pesto bestreichen. Mit Zucchini, Pecorino und den Tomaten belegen und wieder zusammensetzen.

BRINGT POWER

Omelett-Brötchen mit Tomaten

4 mittelgroße Tomaten
1 kleine Zwiebel
1 Stück Ingwer (ca. 10 g)
4 Eier
3 EL Milch (3,8 % Fett)
1 TL Currypulver
Salz
Pfeffer
1 EL Öl
2 Baguette-Brötchen zum Aufbacken
1 Handvoll Rucola

Für 2 Personen
Zubereitung: 20 Min.
Pro Portion ca. 395 kcal, 21 g E, 18 g F, 36 g KH

1 Backofen für die Baguettes entsprechend der Packungsanweisung vorheizen. Die Tomaten waschen und würfeln, dabei Stielansätze entfernen. Die Zwiebel schälen und klein würfeln. Den Ingwer ebenfalls schälen und fein reiben. Die Eier mit der Milch verquirlen und mit Curry, Salz und Pfeffer würzen.

2 Zwiebel und Ingwer in einer großen Pfanne im heißen Öl kurz anbraten. Die Eimasse dazugeben und mit einem Löffel in der Pfanne etwas mischen – nicht zu lange rühren.

3 Nach kurzer Zeit die gewürfelten Tomaten dazugeben. Die Eimasse 5–10 Min. stocken lassen, bis sich ein fester, leicht bräunlicher Rand bildet. Inzwischen die Brötchen im heißen Ofen aufbacken und anschließend halbieren.

4 Den Rucola waschen und trocken schütteln. Das fertige Omelett halbieren und je eine Hälfte auf eine Brötchenunterseite legen. Jeweils Rucola darauf verteilen und die Brötchenoberseite darauflegen.

AUCH FÜRS PICKNICK

Brötchen mit Salami-Paprika-Füllung

2 Pck. Frischteig für Sonntags-Brötchen (à ca. 330 g; aus dem Kühlregal)
1 rote Spitzpaprikaschote (ca. 75 g)
80 g Salami (in dicken Scheiben)
20 g entsteinte schwarze Oliven
Salz
Pfeffer
1 TL getrockneter Thymian
1 Eigelb
1 EL Milch
Mohn zum Bestreuen

Für 12 Stück
Zubereitung: 20 Min. | Backen: 10 Min.
Pro Stück ca. 160 kcal, 7 g E, 4 g F, 24 g KH

1 Die Brötchen aus der Packung nehmen. Die Paprika waschen, putzen und klein würfeln. Salami und Oliven ebenfalls in kleine Würfel schneiden. Alles mischen, mit wenig Salz, Pfeffer und Thymian würzen.

2 Den Backofen auf 200° (Umluft 180°) vorheizen. Jede Teigkugel zu einer runden Platte (Ø 8–10 cm) flach drücken und je 1 EL Füllung in die Mitte setzen. Wieder zu einer Kugel formen und mit Abstand auf ein mit Backpapier belegtes Blech setzen. Eigelb mit Milch verquirlen und die Brötchen damit bestreichen. Mit Mohn bestreuen. Im Ofen (Mitte) 8–10 Min. backen.

TIPP

Kinder dürfen die Brötchen nach eigenem Geschmack mit Samen oder Kernen bestreuen.

VARIANTE

Mettfüllung: 150 g Mett mit 1 fein gehackten weißen Zwiebel und etwas Pfeffer mischen und statt der Paprika-Salami-Mischung in die Brötchen füllen.

SCHMECKEN WARM & KALT

Pizza-Brote

Hier sind die Pizza-Zutaten nicht auf, sondern im Teig und machen die Brote schön saftig mit einem wunderbaren Italien-Aroma.

1/3 Würfel frische Hefe (ca. 15 g)
1 Prise Zucker
1 EL Olivenöl
250 g Mehl
1 geh. TL Salz
1 Tomate
125 g Mozzarella
2 EL entsteinte grüne Oliven
2 getrocknete, in Öl eingelegte Tomaten
100 g gekochter Schinken
1/2 Bund Basilikum
4 EL frisch geriebener Parmesan
12 Förmchen mit je ca. 100 ml Inhalt

Für 12 Stück
Zubereitung: 30 Min. | Ruhen: 1 Std. | Backen: 25–30 Min.
Pro Stück ca. 145 kcal, 8 g E, 5 g F, 15 g KH

1 Die Hefe in kleine Stücke krümeln und mit Zucker, Olivenöl und ca. 200 ml lauwarmem Wasser glatt verrühren. Das Mehl mit dem Salz in einer Schüssel mischen. Die angerührte Hefe dazugeben und alles mit den Knethaken des Handrührgeräts zu einem glatten, weichen Teig verarbeiten. Den Teig in der Schüssel zugedeckt an einem warmen Ort ca. 1 Std. gehen lassen.

2 Kurz vor Ende der Ruhezeit die Tomate waschen, vom Stielansatz befreien und in kleine Würfel schneiden. Mozzarella, Oliven, getrocknete Tomaten und Schinken ebenfalls klein schneiden. Das Basilikum waschen, trocken schütteln, die Blättchen abzupfen und in Streifen schneiden.

3 Den Backofen auf 220° (Umluft 200°) vorheizen. Die gewürfelten Zutaten mit dem geriebenen Parmesan unter den Teig mischen und den Teig portionsweise in die Förmchen verteilen.

4 Die Pizza-Brote im heißen Ofen (Mitte) 25–30 Min. backen, bis sie schön aufgegangen und gebräunt sind. Die Brote ca. 10 Min. stehen lassen, dann herauslösen und warm oder abgekühlt essen. Dazu schmeckt Blattsalat besonders gut.

VARIANTE – KÄSE-BROTE

Aus Hefe, Zucker, Olivenöl, Mehl, Salz und Wasser den Teig wie beschrieben zubereiten. Je 100 g Blauschimmelkäse und mittelalten Pecorino in kleine Würfel schneiden. 4 Zweige Thymian waschen und trocken schütteln, von den Stielen streifen. Alle Zutaten mit 2 TL Kapern und 1 Prise Chilipulver unter den Teig mischen, in die Förmchen füllen und wie beschrieben backen.

VARIANTE – ARTISCHOCKEN-PAPRIKA-BROTE

Aus Hefe, Zucker, Olivenöl, Mehl, Salz und Wasser den Teig wie beschrieben zubereiten. 100 g Artischockenherzen und 100 g gehäutete Paprikaschoten (beides aus dem Glas) würfeln. 2 Knoblauchzehen schälen und fein hacken. 100 g jungen Pecorino in kleine Würfel schneiden. Alle Zutaten mit einer kräftigen Prise frisch gemahlenem schwarzen Pfeffer unter den Teig mischen, in die Förmchen füllen und wie beschrieben backen.

MITTAGESSEN MIT KINDERN

Schnell gemacht sollte es sein, nicht zu schwer im Magen liegen und mit vielen wichtigen Nährstoffen versehen sein: Hier kommt das perfekte Mittagessen für die Familie.

WÄRMT VON INNEN

Kürbissuppe mit Äpfeln und Curry

Eine heiße Kürbissuppe schmeckt herrlich an kalten Herbsttagen, macht lange satt und ist außerdem noch schnell gemacht.

700 g Hokkaido-Kürbis
1 große Zwiebel
500 g säuerliche Äpfel
1 EL Zitronensaft
2 EL Öl
1 EL Currypulver
1 l Gemüsebrühe
Salz
Pfeffer
1 Bund Petersilie

Für 4 Personen
Zubereitung: 25 Min.
Pro Portion ca. 195 kcal, 3 g E, 6 g F, 33 g KH

1 Den Kürbis waschen, putzen und klein schneiden, die Fasern und Kerne herauskratzen. Die Zwiebel schälen und fein würfeln. Die Äpfel waschen, gut trocken reiben, vierteln und vom Kerngehäuse befreien. Zwei Apfelviertel grob raspeln, mit dem Zitronensaft mischen und beiseitestellen. Die übrigen Viertel schälen und grob würfeln.

2 In einem Topf das Öl erhitzen und die Zwiebelwürfel darin glasig dünsten. Die Kürbisstücke und Apfelwürfel hinzufügen und andünsten. Das Currypulver darüberstäuben und kurz anschwitzen, dann die Brühe dazugießen. Alles aufkochen und dann zugedeckt bei mittlerer Hitze 10–15 Min. köcheln lassen.

3 Die Suppe mit einem Pürierstab oder im Mixer pürieren. Wieder aufkochen und mit Salz und Pfeffer abschmecken. Die Petersilie waschen und trocken schütteln, die Blättchen abzupfen und grob hacken. Die Suppe auf tiefe Teller verteilen, Apfelraspel und Petersilie darübergeben.

GUT ZU WISSEN

Kürbisse sind echte Multitalente und schmecken nicht nur als cremige Suppe, sondern können auch im Ofen gebacken, als Püree verarbeitet oder sogar zu Kuchenteig zugegeben werden. Der Hokkaido-Kürbis eignet sich besonders gut zum Verarbeiten, da man seine Schale einfach mitessen kann und somit um das lästige Schälen herumkommt. Ein bisschen aufwendiger gestaltet sich die Verarbeitung von Butternuss-Kürbis oder Muskat-Kürbis, da diese erst von ihrer Schale befreit werden müssen, bevor sie in den Kochtopf kommen. Aber auch diese Kürbissorten eignen sich hervorragend für Suppen, Ofengemüse & Co. und sollten unbedingt auch mal auf dem Speiseplan stehen.

ITALIENISCH INSPIRIERT

Tomatensuppe mit Ricotta-Nocken

600 g reife Tomaten
1 kleine Zwiebel
30 g Butter
3 EL Weizenmehl (Type 1050)
2 EL Tomatenmark
400 ml Gemüsebrühe
Salz
200 g Ricotta
¼ TL Cayennepfeffer
1 Eigelb
Pfeffer
40 g Sprossen (z. B. Radieschen, Alfalfa)

Für 4 Personen
Zubereitung: 30 Min.
Pro Portion ca. 245 kcal, 9 g E, 15 g F, 18 g KH

1 Die Stielansätze aus den Tomaten schneiden. Tomaten überbrühen, kalt abschrecken, häuten und klein schneiden. Die Zwiebel schälen und fein würfeln.

2 Butter in einem Topf zerlassen und Zwiebel darin in ca. 2 Min. glasig dünsten. 1 EL Mehl darüberstreuen, unter Rühren ca. 1 Min. andünsten. Tomatenmark einrühren, Tomatenstücke hinzufügen. Alles gut vermischen und zum Kochen bringen. Brühe dazugießen, aufkochen und zugedeckt bei schwacher Hitze ca. 15 Min. zugedeckt köcheln lassen.

3 Für die Ricotta-Nocken reichlich Wasser aufkochen und salzen. Die Hitze dann herunterschalten – das Wasser soll nur leicht sieden. Ricotta, Cayennepfeffer, Eigelb und das übrige Mehl mit dem Schneebesen glatt rühren und mit Salz und Pfeffer abschmecken. Mit zwei nassen Teelöffeln von der Masse Nocken abstechen, ins leicht siedende Wasser gleiten und in ca. 10 Min. gar ziehen lassen.

4 Tomatensuppe mit dem Pürierstab fein pürieren, mit Salz und Pfeffer abschmecken und anrichten. Ricotta-Nocken mit einer Schaumkelle aus dem Wasser heben, abtropfen lassen und in die Suppe legen. Sprossen abbrausen, abtropfen lassen und darüberstreuen. Tomatensuppe gleich servieren.

FRISCH & LECKER

Gemüsetopf mit Minze

600 g kleine Zucchini
4 Zwiebeln
3 Knoblauchzehen
1 Handvoll Minze
2 EL Olivenöl
3 EL Tomatenmark
1 l Gemüsebrühe
4 EL Mandelblättchen
Salz
Pfeffer

Für 4 Personen
Zubereitung: 20 Min.
Pro Portion ca. 190 kcal, 6 g E, 14 g F, 8 g KH

1 Die Zucchini waschen, putzen und längs halbieren, dann quer in Scheiben schneiden. Die Zwiebeln schälen und fein würfeln. Den Knoblauch schälen. Die Minze waschen und trocken schütteln, die Blättchen abzupfen und fein schneiden.

2 In einem Topf das Olivenöl erhitzen und den Knoblauch durch die Presse dazudrücken. Die Zwiebeln hinzufügen und beides goldgelb anbraten. Die Zucchini unterrühren und leicht anbraten, dann das Tomatenmark untermischen und kurz mitbraten. Die Brühe dazugießen, aufkochen und alles zugedeckt bei mittlerer Hitze ca. 10 Min. köcheln lassen.

3 Inzwischen die Mandelblättchen in einer kleinen beschichteten Pfanne ohne Fett goldbraun rösten. Die Suppe mit Salz und Pfeffer abschmecken und zum Servieren mit den Mandelblättchen bestreuen.

FÜR LECKER-MÄULER

Mohnpfannkuchen mit Aprikosen

Pfannkuchen sind ein Dauerbrenner in der Familienküche und mit Mohn und Aprikosen ein echtes Highlight auf dem Mittagstisch.

150 g Buttermilch
75 g Mehl
Salz
2 Eier
2 EL gemahlener Mohn
250 g Aprikosen
2 EL Zucker
1 Sternanis
4 TL Butter
2 EL Crema di balsamico

Für 2 Personen als Hauptgericht, für 4 als Dessert
Zubereitung: 20 Min.
Pro Portion (bei 2 Personen) ca. 515 kcal, 18 g E, 21 g F, 61 g KH

1 Buttermilch mit dem Mehl, 1 Prise Salz, den Eiern und dem Mohn zu einem glatten Teig verrühren. Den Pfannkuchenteig ca. 5 Min. quellen lassen.

2 Inzwischen die Aprikosen waschen und trocken tupfen, vierteln und entsteinen. Mit Zucker und Sternanis in einen kleinen Topf geben und unter Rühren zum Kochen bringen. Zugedeckt bei schwacher Hitze 2–3 Min. köcheln lassen.

3 In einer beschichteten Pfanne 1 TL Butter zerlassen. Ein Viertel des Teigs dazugeben und durch Schwenken der Pfanne gleichmäßig dünn verteilen. Auf beiden Seiten zu einem goldgelben Pfannkuchen backen. Nacheinander 4 Pfannkuchen backen, dabei jeweils 1 TL Butter in die Pfanne geben.

4 Die Pfannkuchen auf Teller geben und die Aprikosen darauf verteilen. Oder die Pfannkuchen aufrollen, jede Rolle diagonal halbieren und mit den Aprikosen anrichten (Sternanis vorher entfernen). Crema di balsamico über die Aprikosen träufeln.

TAUSCHTIPP

Außerhalb der Saison können Sie auch Aprikosen aus der Dose nehmen, dann aber den Zucker weglassen. Alternativ können Sie auch frische Pfirsiche oder Pflaumen verwenden.

GUT ZU WISSEN

Mohn zählt zu den ältesten Kulturpflanzen überhaupt und wurde schon während der Steinzeit geschätzt und kultiviert. Die rote Blume, die man oft am Rande von Feldwegen blühen sieht, ist der giftige Klatschmohn, der in der Küche nichts zu suchen hat. Die aromatischen Samen des blau-violett blühenden Schlafmohns dagegen eignen sich wunderbar zum Backen und zum Verfeinern von vielen Speisen.

MIT KARAMELL-FEIGEN

Milchreis mit Feigen

Milchreis lässt sich wunderbar mit den verschiedensten Obstsorten zubereiten. Diese Variante mit Feigen ist ein echtes Wohlfühlgericht.

375 ml Milch
120 g 10-Minuten-Langkornreis
4 Feigen
1 EL Butter
1 Pck. Vanillezucker
1 Bio-Zitrone
1–2 EL Zucker
2 EL Mascarpone (50 g)

Für 2 Personen als Hauptgericht, für 4 als Dessert
Zubereitung: 20 Min.
Pro Portion (bei 2 Personen) ca. 545 kcal, 13 g E, 20 g F, 77 g KH

1 Die Milch in einem kleinen Topf aufkochen. Den Reis einstreuen und bei mittlerer Hitze ca. 10 Min. köcheln lassen. Den Topf von der Herdplatte ziehen und den Reis zugedeckt ca. 10 Min. quellen lassen.

2 Inzwischen die Feigen vorsichtig waschen, trocken tupfen und halbieren oder vierteln. Die Butter in einer kleinen beschichteten Pfanne zerlassen und die Feigen darin rundherum kurz anbraten. Den Vanillezucker darüberstreuen und leicht karamellisieren lassen.

3 Die Zitrone heiß waschen und abtrocknen, 1 TL Schale fein abreiben und den Saft auspressen. Zitronenschale und -saft mit dem Zucker und dem Mascarpone unter den ausgequollenen Reis rühren. Den Reis mit den gebratenen Feigen anrichten.

TAUSCHTIPPS

Im Supermarkt gibt es viele verschiedene Reissorten mit verkürzter Garzeit. Meist handelt es sich dabei um Langkornreis, seltener bekommt man auch Rundkorn-Milchreis, der nach nur 10 Min. fertig ist. Für dieses Rezept können Sie beide Sorten verwenden, der Langkornreis wird körniger und bissfester. Wenn Sie keinen losen Reis bekommen, nehmen Sie Reis im Kochbeutel. Den Beutel aufschneiden und die Körner in die Milch streuen – weiter geht's wie oben beschrieben. Und wenn Sie keine frischen Feigen bekommen, bereiten Sie den Milchreis – je nach Saison – mit Erdbeeren oder Mangos zu.

TIPP

Machen Sie Ihren Vanillezucker doch einfach mal selber! Da man ihn sehr gut mit von Mark befreiten, übrig gebliebenen Vanilleschoten herstellen kann, ist es auch noch eine optimale Resteverwertung. Die Herstellung ist ganz einfach: Nehmen Sie pro Schote ungefähr 100 g normalen Haushaltszucker, schneiden Sie die Schoten klein und füllen Sie beides in ein luftdicht verschließbares Einmachglas. Schütteln Sie das Glas kräftig und lassen Sie den Zucker dann 2–3 Wochen ziehen. Die Schoten geben über mehrere Monate ihr herrliches Aroma an den Zucker ab, sodass Sie immer wieder Zucker nachfüllen können.

oben: Apfel-Auflauf | unten: Topfenknödel mt Kompott

Apfel-Auflauf

4 Brötchen vom Vortag
75 g Butter
1 EL Zucker
4 mittelgroße Äpfel (z. B. Boskop)
1 Zitrone
3 Eier
75 g Puderzucker
1 Pck. Vanillezucker
400 ml Milch
150 g Crème fraîche
50 g Mandelstifte
2 EL Rohrzucker

Für 4 Personen
Zubereitung: 40 Min. | Backen: 45 Min.
Pro Portion ca. 780 kcal, 17 g E, 47 g F, 74 g KH

1 Backofen auf 200° (Umluft 180°) vorheizen. Backblech mit Backpapier belegen. Brötchen in 1–2 cm dicke Scheiben schneiden und darauflegen. 50 g Butter zerlassen. Auflaufform mit etwas Butter ausstreichen. Brötchen mit der Butter beträufeln und mit Zucker bestreuen. Brotscheiben im Backofen (Mitte) in ca. 5 Min. leicht bräunen lassen.

2 Zitrone auspressen. Äpfel waschen, schälen und halbieren, Kerngehäuse entfernen. Apfelhälften in ca. 1 cm dicke Scheiben schneiden und mit Zitronensaft vermischen. Brötchenscheiben und Apfelscheiben abwechselnd dachziegelartig in die Form schichten.

3 Eier mit Puderzucker, Vanillezucker, Milch und Crème fraîche verrühren und über die Apfel- und Brötchenscheiben gießen.

4 Auflauf im Backofen (Mitte) ca. 30 Min. backen. Mandelstifte auf dem Auflauf verteilen und Rohrzucker daraufstreuen. Restliche Butter in Flöckchen daraufgeben. Auflauf in 10–15 Min. fertig backen.

Topfenknödel mit Kompott

400 g Magerquark
4 Scheiben Toastbrot
50 g Butter
50 g Puderzucker
1 TL abgeriebene Schale von 1 Bio-Zitrone
1 Ei und 1 Eigelb
Salz
2 EL Zucker
250 g Holunderbeeren
250 g Cranberrys
50 g Rohrzucker
400 ml Apfelsaft
2 Sternanis
3 Pimentkörner
2 TL Speisestärke

Für 4 Personen
Zubereitung: 45 Min. | Ziehen: 10 Min.
Pro Portion ca. 520 kcal, 20 g E, 16 g F, 70 g KH

1 Magerquark in ein Tuch geben und gut ausdrücken. Toastbrot entrinden, würfeln und fein zerbröseln. Butter mit Puderzucker, Zitronenschale, Ei und Eigelb cremig verrühren. Zerbröseltes Toastbrot und Quark unterrühren und ca. 30 Min. kühl stellen.

2 Wasser mit ½ TL Salz und Zucker zum Kochen bringen. Aus der Quarkmasse acht Knödel formen und diese knapp unter dem Siedepunkt in ca. 10 Min. gar ziehen lassen.

3 Holunderbeeren von den Stielen abstreifen, waschen und abtropfen lassen. Cranberrys waschen. Rohrzucker in einem Topf schmelzen lassen, 300 ml Apfelsaft dazugießen. Sternanis und Pimentkörner dazugeben und ca. 5 Min. einköcheln lassen. Speisestärke mit dem restlichen Apfelsaft verrühren und unterrühren. Beeren dazugeben und 6–8 Min. ziehen lassen. Die Knödel aus dem Wasser heben, abtropfen lassen und mit dem Kompott anrichten.

KRÄUTER-
FRISCH

Pilz-Omelett mit Mozzarella

600 g kleine, feste Champignons
1 Bund Sauerampfer (ersatzweise Petersilie oder Basilikum)
8 Eier
8 EL Sahne
Salz
Pfeffer
1 Kugel Büffel-Mozzarella (125 g)
4 EL Butter

Für 4 Personen
Zubereitung: 20 Min.
Pro Portion ca. 480 kcal, 26 g E, 41 g F, 3 g KH

1 Die Champignons putzen und trocken abreiben, je nach Größe halbieren oder vierteln. Den Sauerampfer waschen, trocken schütteln und ohne die groben Stängel in feine Streifen schneiden.

2 Die Eier mit der Sahne, Salz und Pfeffer verquirlen. Den Mozzarella abtropfen lassen und klein würfeln. Je 2 EL Butter in zwei beschichteten Pfannen zerlassen. Jeweils die Hälfte der Champignons darin bei starker Hitze 3–4 Min. anbraten, bis die austretende Flüssigkeit verdampft ist. Je die Hälfte des Sauerampfers unterrühren und kurz mitbraten. Jeweils die Hälfte der Eiersahne darübergießen und die Hälfte der Mozzarellawürfel darauf verteilen. Zugedeckt bei schwacher Hitze in 4–5 Min. stocken lassen.

3 Die Omeletts nach Belieben wie eine Torte in Stücke schneiden und sofort servieren.

UND DAZU?

Ein gemischter Salat oder ein würzig angemachter Tomatensalat runden das Essen perfekt ab.

TOLLE KOMBINATION

Maisküchlein mit Meerrettichcreme

1 Bund Frühlingszwiebeln
2 Dosen Mais (à ca. 300 g Abtropfgewicht)
6 Eier
100 g Mehl
Salz
Pfeffer
4–5 EL Öl
200–250 g Seidentofu
3 EL Meerrettich (aus dem Glas)
2 säuerliche Äpfel

Für 4 Personen
Zubereitung: 20 Min.
Pro Portion ca. 560 kcal, 23 g E, 26 g F, 57 g KH

1 Die Frühlingszwiebeln waschen, putzen und in ganz feine Ringe schneiden. Den Mais in ein Sieb abgießen und abtropfen lassen. In einer Schüssel die Eier mit dem Mehl verquirlen. Frühlingszwiebeln und Mais unterrühren und die Mischung mit Salz und Pfeffer würzen.

2 In zwei breiten beschichteten Pfannen jeweils etwas Öl erhitzen. Die Maismischung mit einer kleinen Kelle portionsweise hineingeben, jede Portion etwas flach drücken und auf beiden Seiten in je 1–2 Min. zu goldgelben Küchlein ausbacken. Die Menge ergibt etwa 16 Küchlein.

3 Den Tofu mit einer Gabel fein zerdrücken und den Meerrettich unterrühren. Die Äpfel waschen, gut trocken reiben, vierteln und vom Kerngehäuse befreien. Die Viertel grob raspeln und sofort unter den Tofu mischen. Die Meerrettichcreme mit Salz und Pfeffer würzen.

4 Die Maisküchlein mit der Meerrettichcreme anrichten und sofort servieren.

NACH ITALIENISCHER ART GEFÜLLT

Schinken-Spinat-Pfannkuchen

Pfannkuchen sind nicht nur süß eine echte Versuchung, sondern auch pikant gefüllt ein tolles Mittagessen für Groß und Klein.

200 g Mehl
300 ml Milch
1 Prise Salz
4 Eier
8 TL Öl
2 EL Pinienkerne
100 g junger Blattspinat
50 g getrocknete, in Öl eingelegte Tomaten
200 g Frischkäse
4 TL Basilikum-Pesto (aus dem Glas)
Salz
Pfeffer
8 Scheiben gekochter Schinken (ca. 200 g)

Für 4 Personen
Zubereitung: 1 Std.
Pro Portion ca. 695 kcal, 30 g E, 45 g F, 43 g KH

1 Mehl und Milch in einer Schüssel mit dem Salz glatt rühren. Die Eier unterrühren. Den Teig ca. 15 Min. quellen lassen.

2 Inzwischen für den Belag die Pinienkerne in einer Pfanne ohne Fett rösten, dann vom Herd nehmen. Den Blattspinat verlesen, gründlich waschen und trocken schleudern. Die Tomaten abtropfen lassen und in kleine Würfel schneiden.

3 Den Frischkäse mit dem Pesto verrühren, die Tomaten und Pinienkerne unterheben, mit Salz und Pfeffer würzen.

4 Teig gut durchrühren. Je 1 TL Öl in einer beschichteten Pfanne (ø 20 cm) erhitzen und darin nacheinander bei mittlerer Hitze in je ca. 5 Min. acht Pfannkuchen backen. Die fertigen Pfannkuchen im Backofen bei 80° (Umluft 60°) warm halten, bis alle gebacken sind.

5 Die Pfannkuchen mit je 1 ½ EL von der Frischkäsecreme bestreichen und mit Spinatblättern belegen. Jeweils 1 Scheibe Schinken darauflegen und die Pfannkuchen zur Mitte umklappen. Sofort servieren.

TIPP

Die Pfannkuchen aufrollen, in Klarsichtfolie wickeln und mit ins Büro oder zum Picknick nehmen.

TAUSCHTIPP

Ein bisschen Luxus gefällig? Dann ersetzen Sie den gekochten Schinken zur Abwechslung durch geräucherten Lachs in dünnen Scheiben.

RAFFINIERT

Tomaten-Pasta

250 g Kirschtomaten
½ Bund Thymian
1 Bio-Orange
8 getrocknete, in Öl eingelegte Tomaten
2 rote Zwiebeln
Salz
400 g Penne
4 EL Olivenöl
½ TL Zucker
1 EL Tomatenmark
2 EL Pinienkerne
Pfeffer

Für 4 Personen
Zubereitung: 30 Min.
Pro Portion ca. 565 kcal, 13 g E, 22 g F, 77 g KH

1 Kirschtomaten waschen. Thymian waschen, die Blättchen abstreifen. Orange heiß waschen und abtrocknen, die Schale mit einem Zestenreißer in feinen Streifen abziehen. Getrocknete Tomaten abtropfen lassen und fein schneiden. Zwiebeln schälen, längs halbieren und in feine Spalten schneiden.

2 In einem Topf reichlich Wasser aufkochen, salzen und die Nudeln darin nach Packungsangabe in ca. 10 Min. bissfest garen. Gleichzeitig in einer Pfanne 2 EL Öl erhitzen. Die Kirschtomaten hineingeben, ¼ TL Salz und den Zucker darüberstreuen. 2–3 Min. bei mittlerer Hitze karamellisieren lassen, die Pfanne dabei gelegentlich rütteln. Thymian und Orangenschale hinzufügen, ca. 1 Min. mitbraten. Beiseitestellen.

3 Das übrige Öl in einer zweiten Pfanne erhitzen. Zwiebeln, getrocknete Tomaten, Tomatenmark und Pinienkerne darin ca. 1 Min. anbraten. Mit 6 EL Nudelkochwasser ablöschen, kurz einkochen lassen. Nudeln abgießen, kurz abtropfen lassen. In einer vorgewärmten Schüssel mit der Zwiebelmischung und den Kirschtomaten vermengen, salzen und pfeffern.

SEHR AROMATISCH

Pasta mit Kräuterseitlingen

200 g Kräuterseitlinge (siehe Tipp)
je 3 Stängel Basilikum und Petersilie
3 Walnusskerne
Salz
200 g grüne Tagliatelle
2 EL Olivenöl
Pfeffer
2 EL Kräuter-Crème-fraîche

Für 2 Personen
Zubereitung: 20 Min.
Pro Portion ca. 575 kcal, 16 g E, 23 g F, 75 g KH

1 Die Pilze trocken abreiben und längs in Scheiben schneiden. Die Kräuter waschen und trocken schütteln, die Blätter abzupfen und grob schneiden. Die Walnusskerne grob hacken.

2 In einem Topf reichlich Wasser aufkochen, salzen, die Nudeln darin nach Packungsangabe in 5–6 Min. bissfest garen.

3 Gleichzeitig das Öl in einer großen Pfanne, in der später auch die Nudeln Platz haben, erhitzen. Pilze darin bei mittlerer Hitze 2–3 Min. braten, salzen, pfeffern und die Crème fraîche unterrühren.

4 Nudeln in ein Sieb abgießen, kurz abtropfen lassen, zu den Pilzen in die Pfanne geben. Die Kräuter hinzufügen und alles gut durchmischen. Pasta mit Pfeffer würzen, auf zwei vorgewärmte Teller verteilen und die Walnusskerne aufstreuen.

TIPP

Kräuterseitlinge bekommen Sie auf dem Markt oder in Bioläden. Wundern Sie sich nicht, wenn sie beim Braten fast schwarz werden, das tut dem feinen Aroma keinen Abbruch. Ersatzweise können Sie Austernpilze verwenden.

Schneller Nudelauflauf

Wenn's mal wieder schnell gehen muss, passt dieser Nudelauflauf ideal in einen engen Zeitplan. Und gut schmecken tut's auch noch!

150 g Bandnudeln
Salz
1 Zwiebel
1 EL Öl
400 g TK-Gemüsemischung (z. B. Leipziger Allerlei)
150 g Sahne
1 EL gemischte, gehackte TK-Kräuter
Pfeffer
125 g Mozzarella

Für 2 Personen
Zubereitung: 20 Min. | Backen: 15 Min.
Pro Portion ca. 825 kcal, 30 g E, 43 g F, 73 g KH

1 Die Nudeln nach Packungsangabe in reichlich kochendem Salzwasser bissfest garen und anschließend abgießen.

2 Den Backofen auf 200° (Umluft 180°) vorheizen. Inzwischen die Zwiebel schälen und in kleine Würfel schneiden. Das Öl in einer Pfanne erhitzen und die Zwiebel darin glasig dünsten. Die gefrorene Gemüsemischung dazugeben und zugedeckt bei mittlerer Hitze in ca. 10 Min. auftauen und garen.

3 Die Bandnudeln und das Gemüse in einer Auflaufform gut miteinander vermischen.

4 Die Sahne mit den Kräutern, 1 TL Salz und 1 Prise Pfeffer verrühren und den Guss über die Nudel-Gemüse-Mischung geben. Den Mozzarella in dünne Scheiben schneiden und den Auflauf damit belegen. Diesen im Backofen (Mitte) ca. 15 Min. überbacken, bis die Oberfläche leicht gebräunt ist.

TIPP

Sie mögen es gerne kernig? Dann mischen Sie einfach noch 40 g Pinienkerne mit unter das Gemüse.

GUT ZU WISSEN

Das tiefgekühlte Leipziger Allerlei besteht meistens aus Erbsen, Möhren und weißem Spargel und hat mit dem ursprünglichen Gericht aus dem 18. Jahrhundert nicht mehr viel zu tun. Nach Originalrezept besteht ein Leipziger Allerlei nämlich neben den erwähnten Gemüsesorten noch zusätzlich aus Blumenkohl, Morcheln und feinen Krebsschwänzen. Dazu werden noch Krebsbutter und Semmelklößchen gereicht. Eine echte Delikatesse also!

MIT WOW-EFFEKT

Schupfnudeln mit Mangold

Vegetarisch, außergewöhnlich und lecker! Der Orangenmangold gibt diesem Gericht erst den richtigen Kick.

1 große Mangoldstaude (ca. 600 g)
1 Zwiebel
3 EL Butter
75 ml Gemüsebrühe
100 g Orangenmarmelade
Salz
Pfeffer
500 g Schupfnudeln (aus dem Kühlregal)
2 EL gemahlener Mohn

Für 4 Personen
Zubereitung: 25 Min.
Pro Portion ca. 405 kcal, 9 g E, 15 g F, 57 g KH

1 Den Mangold waschen und putzen. Den Strunk und welke Blätter entfernen, dann die grünen Blätter von den hellen Stielen schneiden. Getrennt voneinander in Streifen schneiden.

2 Die Zwiebel schälen und würfeln oder in Streifen schneiden. In einem Topf 1 EL Butter zerlassen und die Zwiebel darin glasig dünsten. Die Mangoldstiele dazugeben und mit andünsten, dann mit der Brühe ablöschen. Die Orangenmarmelade unterrühren, das Gemüse mit Salz und Pfeffer würzen und zugedeckt bei mittlerer Hitze ca. 5 Min. dünsten.

3 Die restliche Butter in einer breiten beschichteten Pfanne zerlassen. Die Schupfnudeln darin bei mittlerer Hitze rundherum goldbraun braten. Den Mohn dazugeben und unterrühren. Die Pfanne gleich von der Herdplatte ziehen, sonst verbrennt der Mohn.

4 Die grünen Mangoldblätter zu den Stielen in den Topf geben und alles zugedeckt ca. 5 Min. dünsten. Mit Salz abschmecken. Den Orangenmangold mit den Schupfnudeln anrichten.

VARIANTE

Der Orangenmangold schmeckt auch super als Beilage, zum Beispiel zu gebratenen Lammfilets oder Lammkoteletts.

TIPP

Wenn Sie Zeit und Muße haben, können Sie die Schupfnudeln natürlich auch selber herstellen: Für 4 Personen kochen Sie 500 g mehligkochende Kartoffeln samt Schale, bis sie gar sind. Anschließend die Kartoffeln pellen und durch die Kartoffelpresse drücken. Lassen Sie die Kartoffeln etwas abkühlen und heben Sie dann 1 Ei und 80 g Mehl unter. Den Teig mit Salz und frisch geriebener Muskatnuss würzen und gut durchkneten. Schließlich mit den Händen zu den typischen Röllchen formen. Die Schupfnudeln in leicht siedendem Salzwasser kochen, bis sie an der Oberfläche schwimmen. Mit der Schaumkelle herausnehmen und goldbraun in etwas Butter anbraten.

oben: Gemüsepfanne mit Schafskäse | unten: Kürbis-Gnocchi-Ragout

Gemüsepfanne mit Schafskäse

je 1 große rote, gelbe und orange Paprikaschote
2 kleine Zucchini (à ca. 150 g)
2 Zwiebeln
2 Knoblauchzehen
8 Zweige Thymian
4 EL Olivenöl
150 ml Gemüsebrühe
1 Bund Basilikum
200 g Schafskäse (Feta)
Salz
Pfeffer

Für 4 Personen
Zubereitung: 25 Min.
Pro Portion ca. 255 kcal, 11 g E, 20 g F, 7 g KH

1 Die Paprikaschoten putzen, halbieren, entkernen, waschen und in Rauten schneiden. Zucchini putzen, waschen und in Scheiben schneiden. Zwiebeln schälen und in dünne Spalten schneiden. Knoblauchzehen schälen und fein hacken. Thymian abbrausen, trocken schütteln, die Blättchen abzupfen und hacken.

2 Das Öl in einer großen Pfanne erhitzen, Zwiebeln und Knoblauch darin 2–3 Min. dünsten. Das Gemüse dazugeben und bei mittlerer Hitze ca. 3 Min. mitdünsten. Thymian hinzufügen, die Brühe dazugießen und offen ca. 5 Min. weiterdünsten.

3 Inzwischen das Basilikum von den Stielen zupfen, einige Blätter beiseitelegen, den Rest in feine Streifen schneiden. Schafskäse grob zerbröckeln. Das Gemüse salzen und pfeffern, die Basilikumstreifen unterheben. Käse darüberstreuen. Mit übrigem Basilikum garnieren. Dazu passt Ciabatta.

Kürbis-Gnocchi-Ragout

600 g Gnocchi (Fertigprodukt aus dem Kühlregal)
Salz
600 g Hokkaido-Kürbis
4 EL Olivenöl
3 Frühlingszwiebeln
75 ml trockener Weißwein (ersatzweise Gemüsebrühe)
100 ml Gemüsebrühe
200 g Sahne
Pfeffer
1–2 EL heller Saucenbinder
½ Bund Petersilie

Für 4 Personen
Zubereitung: 25 Min.
Pro Portion ca. 605 kcal, 10 g E, 27 g F, 81 g KH

1 Die Gnocchi nach Packungsangabe in kochendem Salzwasser garen, anschließend abgießen.

2 Inzwischen den Kürbis waschen, halbieren und von Fasern und Kernen befreien. Kürbis in ca. 2 cm dicke Spalten, dann in 1–2 cm große Würfel schneiden. Das Öl in einer großen beschichteten Pfanne erhitzen, den Kürbis darin unter gelegentlichem Wenden ca. 6 Min. braten.

3 Inzwischen die Frühlingszwiebeln waschen, putzen, das Weiße und Hellgrüne schräg in 2–3 cm breite Stücke schneiden. In die Pfanne geben, ca. 1 Min. mitbraten. Mit Wein ablöschen, Brühe und Sahne dazugießen und alles in ca. 3 Min. einkochen lassen. Mit Salz und Pfeffer würzen. Saucenbinder einrühren, bis er das Ragout leicht bindet. Die Petersilie abbrausen, trocken schütteln, Blätter abzupfen und fein hacken. Mit den Gnocchi unter das Ragout mischen und kurz erhitzen.

KNUSPRIG & LECKER

Zucchinischnitzel mit Tomatensalat

Diese Zucchinischnitzel sind der Hammer: Mit Schinken umwickelt und mit Kräuterbröseln paniert sind sie ein echter Schnitzeltraum!

500 g Tomaten
3 Frühlingszwiebeln oder 1 Zwiebel
1 EL Rotweinessig
6 EL Olivenöl
Salz
Pfeffer
3 Zucchini
ca. 12 Scheiben Schinken (die Sorte spielt keine große Rolle, jeder gute Schinken eignet sich)
1 Handvoll Kräuter (z. B. Thymian, Petersilie, Zitronenmelisse)
5 EL Semmelbrösel
2 Eier (M)
4 EL Mehl

Für 4 Personen
Zubereitung: 30 Min.
Pro Portion ca. 435 kcal, 19 g E, 24 g F, 35 g KH

1 Tomaten waschen, die Stielansätze herausschneiden. Große Tomaten vierteln oder achteln und kleine halbieren, in Schüsselchen geben. Die Frühlingszwiebeln waschen, putzen und in dünne Ringe schneiden. Oder die Zwiebel schälen und fein würfeln. Zwiebel(n) mit Essig und 3 EL Öl vermischen, mit Salz und Pfeffer würzen, kurz marinieren lassen.

2 Die Zucchini waschen, putzen und längs in ca. 5 mm dicke Scheiben schneiden, salzen, pfeffern und mit je 1 Scheibe Schinken umwickeln (bei Bedarf große Schinkenscheiben längs halbieren). Kräuter abbrausen und trocken schütteln, Blättchen abzupfen, hacken und mit den Bröseln in einem tiefen Teller mischen. Die Eier in einen zweiten tiefen Teller aufschlagen, mit einer Gabel leicht verquirlen. Mehl ebenfalls in einen Teller geben.

3 Die Zucchini erst im Mehl, dann in den Eiern und zum Schluss in den Kräuterbröseln wenden. In einer großen beschichteten Pfanne das übrige Öl erhitzen. Darin die Zucchinischnitzel bei mittlerer Hitze auf jeder Seite ca. 5 Min. backen. Auf Küchenpapier abtropfen lassen. Die Tomaten mit der Zwiebelmarinade übergießen und mit den Zucchinischnitzeln servieren.

TIPP

Zucchini im Überfluss? So schaffen Sie Abhilfe: Zucchini waschen und putzen. Sehr große Früchte schälen, längs vierteln und entkernen. Das Fruchtfleisch grob raspeln. Für ca. 3 kg Zucchini 4 Zwiebeln und 8 Knoblauchzehen schälen und in dünne Scheiben schneiden. Alles mit 100 ml Olivenöl in einen großen Topf geben, salzen und nach Belieben mit mediterranen Kräutern würzen. Dann zugedeckt bei kleiner Hitze 50–60 Min. dünsten. Mit dem frisch gepressten Saft von 2 Zitronen, Salz und Pfeffer abschmecken, noch einmal auflockern und sofort in sterilisierte Twist-off-Gläser füllen. Gläser gut verschließen. An einem kühlen, dunklen Ort halten sie sich 1–2 Monate. Als Grundlage für Nudelsaucen verwenden oder als Suppe mit geriebenem Käse servieren.

KRÄUTER-WÜRZIGES VERGNÜGEN

Bunter Sommersalat

250 g gemischte Blattsalate (z. B. Romana, Rucola, Eichblattsalat)
200 g Kirschtomaten
1 Mini-Salatgurke (ca. 200 g)
je 1 rote und gelbgrüne Spitzpaprikaschote
1 Bund Frühlingszwiebeln
4 EL Weißweinessig
Salz
Pfeffer
2 TL scharfer Senf
1–2 TL flüssiger Honig
6 EL Öl (z. B. Rapsöl)
1 Bund Kräuter (z. B. Petersilie, Estragon, Schnittlauch, Basilikum)

Für 4 Personen
Zubereitung: 30 Min.
Pro Portion ca. 190 kcal, 4 g E, 16 g F, 8 g KH

1 Die Blattsalate putzen, waschen, trocken schleudern und zerpflücken. Die Tomaten waschen und vierteln. Die Gurke schälen, längs halbieren und in Scheibchen schneiden. Die Paprikaschoten waschen, putzen und in sehr kleine Würfel schneiden. Die Frühlingszwiebeln waschen, putzen und in feine Ringe schneiden.

2 Für das Dressing Essig, 4 EL Wasser, Salz, Pfeffer, Senf und Honig in einer großen Schüssel verrühren. Das Öl darunterschlagen. Die Kräuter waschen und trocken schütteln, die Blätter abzupfen, fein hacken und unterheben.

3 Alle Salatzutaten in die Schüssel zum Dressing geben und behutsam darin wenden. Sofort servieren.

TIPP

Reichern Sie die Mischung mit 2 EL gerösteten Kernen wie Sonnenblumen-, Kürbis- oder Pinienkernen an.

HERZHAFT & KNOFELIG

Tomaten-Bohnen-Salat

900 g Dicke Bohnen (in der Schote)
500 g Tomaten
200 g Staudensellerie
1 weiße Zwiebel
½ Bund Petersilie
4 EL Weißweinessig
Salz
Pfeffer
8 EL Olivenöl
1 Knoblauchzehe

Für 4 Personen
Zubereitung: 50 Min.
Pro Portion ca. 300 kcal, 10 g E, 21 g F, 17 g KH

1 Die Bohnen auspalen, Bohnenkerne (ca. 300 g) in kochendem Wasser ca. 1 Min. garen, dann abschrecken und häuten.

2 Die Tomaten waschen, vom Stielansatz befreien und achteln. Sellerie waschen, putzen und in feine Scheiben schneiden. Die Zwiebel schälen und fein würfeln. Die Petersilie waschen und trocken schütteln, die Blätter abzupfen und grob hacken.

3 Für das Dressing Essig, Salz und Pfeffer verrühren. Das Olivenöl darunterschlagen, den Knoblauch schälen und dazupressen.

4 Bohnen, Tomaten, Sellerie, Zwiebel und Petersilie in der Vinaigrette wenden. Mit Salz und Pfeffer abschmecken.

TIPP
Statt der frischen Bohnen 400 g TK-Bohnenkerne verwenden, wie beschrieben kochen und häuten.

GANZ FEIN & EXOTISCH WÜRZIG

Kartoffelsalat mit Räucherfisch

1,5 kg festkochende Kartoffeln
Salz
4 Schalotten
250 ml Gemüsebrühe
1 Bio-Zitrone
3 Avocados
3 Stängel Estragon
300 g Joghurt
200 g Schmand
Salz
Pfeffer
6 geräucherte Forellenfilets (ca. 600 g)

Für 6–8 Personen
Zubereitung: 55 Min.
Pro Portion (bei 8 Personen) ca. 470 kcal, 23 g E, 30 g F, 26 g KH

1 Kartoffeln waschen und mit der Schale in Salzwasser in 20–25 Min. gar kochen. Inzwischen Schalotten schälen und hacken. Die Brühe erhitzen, Schalotten darin ca. 3 Min. ziehen lassen. Kartoffeln abgießen, ausdampfen lassen, pellen, in Scheiben schneiden und noch warm mit der Brühe mischen und ziehen lassen.

2 Zitrone heiß waschen, abtrocknen, Schale abreiben und Saft auspressen. Avocados vierteln, Kern und Schale entfernen, Fruchtfleisch in Scheiben schneiden, sofort mit 3 EL Zitronensaft mischen. Estragon waschen, trocken schütteln, Blättchen fein hacken und mit Zitronenschale, Joghurt und Schmand mischen, kräftig salzen und pfeffern.

3 Salatsauce und Kartoffeln mischen. Forellenfilets mundgerecht zerpflücken und mit den Avocados unter die Kartoffeln heben, nochmals salzen und pfeffern und noch etwas durchziehen lassen.

Asia-Reissalat mit Mango

300 g Langkornreis
Salz
300 g Staudensellerie
5 Frühlingszwiebeln
1 reife Mango
250 g geräucherte Putenbrust (2 dicke Scheiben)
1 Glas süßsauer eingelegter Kürbis (ca. 330 g Abtropfgewicht)
150 ml Hühnerbrühe
5 EL Mayonnaise
2 TL Currypulver
Pfeffer
½ Bund Koriandergrün

Für 6 Personen
Zubereitung: 40 Min. | Ziehen: 1 Std.
Pro Portion ca. 425 kcal, 14 g E, 16 g F, 55 g KH

1 Den Reis nach Packungsanweisung in 750 ml Salzwasser bei mittlerer Hitze offen in ca. 25 Min. garen und in ein Sieb abgießen.

2 Inzwischen die Selleriestangen waschen, putzen und in dünne Scheiben schneiden. Frühlingszwiebeln waschen, putzen und mit dem Grün in Ringe schneiden. Mango schälen, vom Stein schneiden und klein würfeln. Putenbrust in Streifen schneiden. Kürbis abgießen, dabei den Sud auffangen und abtropfen lassen.

3 Hühnerbrühe, Mayonnaise, 5–6 EL Kürbissud und Currypulver verrühren. Mit dem Reis und den übrigen Zutaten mischen, salzen und pfeffern. Ca. 1 Std. durchziehen lassen. Vor dem Servieren das Koriandergrün waschen, trocken schütteln, die Blättchen hacken und unter den Salat mischen.

oben: Kartoffelsalat mit Räucherfisch | unten: Asia-Reissalat mit Mango

PIKANT & BLITZSCHNELL

Würstelsalat mit Paprika und Mais

1 kleine Dose Mais (ca. 140 g)
1 Bund Frühlingszwiebeln
1 rote Paprikaschote
100 g Cornichons
150 g Wiener Würstchen
Salz
Pfeffer
3–4 EL Sherry-Essig
3 EL Sonnenblumen- oder Olivenöl
je 5–6 Kirschtomaten und Rucola-Blätter

Für 4 Personen
Zubereitung: 30 Min. | Ziehen: 20 Min.
Pro Portion ca. 255 kcal, 8 g E, 19 g F, 12 g KH

1 Die Maiskörner in einem Sieb abtropfen lassen. Die Zwiebeln waschen, putzen und in dünne Ringe schneiden. Die Paprikaschote halbieren, Stiel, Kerne und weiße Innenteile entfernen, die Schote würfeln. Cornichons längs halbieren und in dünne Scheiben schneiden, ebenso die Würstchen.

2 Alles in einer Schüssel vermengen. Aus Salz, Pfeffer, Essig und Öl eine Marinade rühren und unter den Salat mischen, abschmecken. 15–20 Min. ziehen lassen und eventuell nachwürzen.

3 Tomaten und Rucola waschen. Die Tomaten halbieren und auf dem Salat verteilen. Rucola in einer Tüte frisch halten und erst vor dem Servieren grob zerpflücken und über den Salat streuen.

UND DAZU?

Reichen Sie zum Würstelsalat am besten Ciabatta oder Mischbrot.

VARIANTE

Wer den Salat noch herzhafter mag, bereitet ihn mit leicht scharfen Debrecziner Würstchen zu.

WAHRES NUDEL-GLÜCK

Nudelsalat mit Salami

150 g Hörnchennudeln
Salz
2 Stangen Staudensellerie
250 g Kirschtomaten
200 g Zucchini
1 kleine Dose Mais (ca. 140 g)
4 eingelegte Artischockenherzen (aus dem Glas)
100 g Rucola
4 EL Weißweinessig
Pfeffer
Zucker
6 EL Olivenöl
1 Knoblauchzehe (nach Belieben)
50 g Salami in hauchdünnen Scheiben

Für 4 Personen
Zubereitung: 35 Min. | Kühlen: 30 Min.
Pro Portion ca. 360 kcal, 10 g E, 18 g F, 39 g KH

1 Die Nudeln nach Packungsangabe in Salzwasser bissfest kochen. Abgießen und kalt abschrecken.

2 Den Sellerie putzen, waschen und in dünne Scheiben schneiden. Die Tomaten waschen und halbieren. Die Zucchini waschen, putzen und längs halbieren, die Hälften quer in dünne Scheiben schneiden. Den Mais abtropfen lassen. Die Artischocken ebenfalls abtropfen lassen und vierteln. Rucola waschen und putzen, grobe Stiele entfernen. Das Gemüse mit den Nudeln mischen.

3 Für das Dressing Essig, Salz, Pfeffer, Zucker und Öl verquirlen. Nach Belieben Knoblauch schälen und dazupressen. Sauce unter den Salat heben, ca. 10 Min. durchziehen lassen. Salami in feine Streifen schneiden und untermischen. Nochmals abschmecken und servieren.

RICHTIG HERZHAFT

Bärlauch-Frikadellen

2 Scheiben Toastbrot
1 Zwiebel
80 g Bärlauch
500 g gemischtes Hackfleisch
2 EL Magerquark
1 Ei
Salz
Pfeffer
2 EL Öl und etwas Öl zum Arbeiten
250 g passierte Tomaten
150 g Crème fraîche
2 EL Ajvar (Paprikapaste)

Für 4 Personen
Zubereitung: 45 Min.
Pro Portion ca. 620 kcal, 31 g E, 50 g F, 11 g KH

1 Das Toastbrot in kaltem Wasser einweichen. Die Zwiebel schälen und fein würfeln. Den Bärlauch waschen, trocken schleudern und ohne harte Stiele hacken. Das Brot ausdrücken und zerpflücken, mit der Zwiebel und dem Bärlauch zum Hackfleisch geben. Quark und Ei hinzufügen, alles gut mischen und mit Salz und Pfeffer kräftig würzen.

2 Mit eingeölten Händen aus der Masse acht Frikadellen formen. Öl erhitzen, die Frikadellen darin bei nicht zu starker Hitze auf jeder Seite 7–8 Min. braten. Herausnehmen und warm stellen.

3 Für die Sauce die Tomaten und die Crème fraîche in die Pfanne geben und aufkochen. Ajvar einrühren und die Sauce salzen und pfeffern. Die Frikadellen mit der Sauce anrichten.

SCHNELL & LEICHT

Fischfilet mit Tomaten-Kräuter-Kruste

50 g weiche Butter
4 Pangasiusfilets (à ca. 120 g)
je 1 kleines Bund Petersilie und Zitronenmelisse
1 kleine Handvoll Kerbel
2 getrocknete, in Öl eingelegte Tomaten
Salz
Pfeffer
1 Eiweiß
½ TL abgeriebene Schale von 1 Bio-Zitrone
2 EL Semmelbrösel
2 EL frisch geriebener Parmesan

Für 4 Personen
Zubereitung: 20 Min. | Garen: 20 Min.
Pro Portion ca. 245 kcal, 18 g E, 16 g F, 6 g KH

1 Den Backofen auf 200° (Umluft 180°) vorheizen. Eine ofenfeste Form mit 1 TL Butter ausstreichen. Fischfilets waschen, trocken tupfen und in die Form legen.

2 Die Kräuter waschen und trocken schütteln. Die Blättchen abzupfen und fein hacken. Die getrockneten Tomaten abtropfen lassen und fein würfeln.

3 Restliche Butter mit Salz und Pfeffer schaumig rühren. Das Eiweiß unterrühren. Kräuter, Zitronenschale und Tomatenwürfel dazugeben. Die Semmelbrösel und den Parmesan untermischen. Die Filets mit der Mischung bestreichen und im heißen Ofen (Mitte) 15–20 Min. garen.

UND DAZU?

Reichen Sie zu diesem feinen Fischgericht Kartoffelpüree oder Risotto.

KNUSPER-
STÜCKCHEN
FÜR KIDS

Puten-Nuggets mit Apfel-Meerrettich-Dip

Ihre Kinder werden diese leckeren Puten-Nuggets lieben! Zusammen mit dem pikanten Dip schmecken sie auch den Großen außerordentlich gut.

100 g Mehl
1 Ei (M)
130 ml Apfelschorle
Salz
600 g Putenschnitzel
1 EL Zitronensaft
Pfeffer
100 ml Öl zum Ausbacken
1 Stück frischer Meerrettich (1–2 cm)
1 kleiner, säuerlicher Apfel
2 Spritzer Zitronensaft
200 g Schmand
1 EL Schnittlauchröllchen
Salz
Pfeffer

Zutaten für 4–6 Personen
Zubereitung: 25 Min.
Pro Portion (bei 6 Personen) ca. 315 kcal, 28 g E, 15 g F, 16 g KH

1 Für die Nuggets das Mehl in eine Schüssel sieben. Das Ei trennen. Das Eigelb mit der Apfelschorle und 1 Prise Salz zum Mehl geben. Alles glatt rühren und den Teig zugedeckt ruhen lassen.

2 Inzwischen die Putenschnitzel in mundgerechte Stücke schneiden, mit Zitronensaft beträufeln, salzen, pfeffern und ebenfalls etwas ruhen lassen.

3 Für den Dip den Meerrettich putzen, schälen und fein reiben. Den Apfel schälen, vierteln, entkernen und dazureiben. Beides mit Zitronensaft beträufeln und mit dem Schmand glatt rühren. Den Dip mit Schnittlauch, Salz und Pfeffer würzen, abschmecken und bis zum Servieren kühl stellen.

4 Das Eiweiß steif schlagen und unter den Teig heben. Das Öl in einer großen Pfanne oder in zwei Pfannen erhitzen. Die Putenstückchen mit einer Gabel durch den Teig ziehen und sofort ins heiße Fett geben. Die Stücke je nach Dicke in 3–5 Min. von jeder Seite goldbraun braten. Auf Küchenpapier entfetten und mit dem Apfel-Meerrettich-Dip servieren.

UND DAZU?

Dazu passen sehr gut Lorbeerkartoffeln. Hierfür den Ofen auf 200° (Umluft 180°) vorheizen. Eine Form mit Öl auspinseln, mit Salz, Pfeffer und 2–3 zerkrümelten Lorbeerblättern ausstreuen. 800 g neue Kartoffeln waschen, halbieren und mit der Schnittfläche nach unten in die Form setzen. Im Ofen (Mitte) ca. 30 Min. garen.

VEGGIE-BURGER-TRAUM

Veggie-Burger mit Majoran-Röstzwiebeln

Möhren, Steckrüben, Tofu – daraus sollen wirklich echte Burger werden? Überraschung, ja! Und zwar welche der Extraklasse!

250 g Steckrüben
250 g Möhren
3–4 EL Olivenöl
125 ml Gemüsebrühe
150 g Tofu natur
2 Frühlingszwiebeln
1 Ei (M)
130 g zarte Vollkornhaferflocken
2 EL Vollkornsemmelbrösel
Salz
Pfeffer
1 TL rosenscharfes Paprikapulver
frisch geriebene Muskatnuss
2 rote Zwiebeln
3 EL Rapsöl
1 EL Butter
1 TL Vollrohrzucker
3–4 Stängel Majoran (ersatzweise 1 TL getrockneter Majoran)
4 Sesam-Vollkornbrötchen
4–6 Blätter Friséesalat
2 EL Tomatenketchup oder 2 EL Honigsenf

Für 4 Personen
Zubereitung: 1 Std. | Kühlen: 30 Min.
Pro Portion ca. 605 kcal, 17 g E, 27 g F, 68 g KH

1 Für die Veggie-Burger die Steckrüben und die Möhren putzen, schälen und in ca. 1 cm große Würfel schneiden. 1 EL Olivenöl in einem breiten Topf erhitzen und die Steckrüben- und Möhrenwürfel darin 2–3 Min. bei mittlerer Hitze andünsten. Die Brühe dazugießen. Steckrüben und Möhren zugedeckt bei mittlerer Hitze in 12–15 Min. weich kochen. Dann das Gemüse in ein Sieb abgießen, gut abtropfen lassen und in eine Schüssel geben.

2 Den Tofu trocken tupfen, klein würfeln und zu den Gemüsewürfeln geben. Alles fein pürieren. Die Frühlingszwiebeln waschen und putzen, weiße und hellgrüne Teile in feine Würfel schneiden. Mit dem Ei, 100 g Haferflocken und den Semmelbröseln zur Tofu-Gemüse-Masse geben und alles gut verkneten. Mit Salz, Pfeffer, Paprikapulver und Muskat kräftig abschmecken.

3 Aus der Tofu-Gemüse-Masse mit feuchten Händen vier große oder acht kleine flache Burger formen. Die Veggie-Burger in den übrigen Haferflocken wenden und abgedeckt ca. 30 Min. kalt stellen.

4 Inzwischen für die Röstzwiebeln die roten Zwiebeln schälen, halbieren und in dünne Scheiben schneiden. Das Rapsöl und die Butter in einer Pfanne erhitzen, die Zwiebeln darin unter Wenden bei schwacher Hitze in ca. 10 Min. goldbraun braten. Mit Salz, Pfeffer und Zucker würzen. Den Majoran waschen und trocken schütteln, die Blätter abzupfen, hacken und unter die Zwiebeln mischen. Die Majoran-Röstzwiebeln abgedeckt warm halten.

5 Das übrige Olivenöl in einer großen beschichteten Pfanne erhitzen. Die Burger darin in zwei Portionen von jeder Seite in 4–5 Min. goldbraun braten.

6 Inzwischen die Brötchen aufschneiden und toasten oder im vorgeheizten Ofen bei 120° ca. 5 Min. aufbacken. Die Friséesalatblätter waschen, putzen, trocken schütteln und mundgerecht zerpflücken. Die unteren Brötchenhälften mit Salat belegen, darauf die Burger anrichten, mit Ketchup oder Senf bestreichen und mit den Röstzwiebeln belegen. Mit den oberen Brötchenhälften bedecken.

FÜR PIZZA-FANS

Pizzazungen mit Schinken

300 g Mehl und etwas Mehl zum Arbeiten
½ Würfel frische Hefe (ca. 20 g)
Salz
2 EL Ajvar (Paprikapaste)
4 Scheiben gekochter Schinken (à ca. 30 g)
100 g junger Gouda
1 Handvoll Rucola

Für 2 Personen
Zubereitung: 25 Min. | Backen: 25 Min.
Pro Portion ca. 790 kcal, 45 g E, 16 g F, 116 g KH

1 Das Mehl in eine Schüssel geben. Die Hefe zerbröckeln und mit ½ TL Salz dazugeben. Nun 200 ml handwarmes Wasser zugießen, alle Zutaten mit den Knethaken des Handrührgeräts zu einem glatten Teig verkneten.

2 Den Teig vierteln. Jede Teigportion mit bemehlten Händen zu einem ovalen Fladen formen. Die Fladen auf ein mit Backpapier belegtes Backblech legen.

3 Ajvar mit einem Esslöffel auf den Teigzungen verstreichen. Je 1 Scheibe Schinken auf jeden Fladen legen. Den Käse reiben und aufstreuen.

4 Die Pizzazungen im nicht vorgeheizten Backofen bei 220° (unten, Umluft 200°) ca. 25 Min. backen. Den Rucola verlesen und die groben Stiele entfernen. Die Blätter waschen, trocken schleudern und auf den fertig gebackenen Pizzazungen verteilen.

PIKANT-
SCHARF

Chorizo-Mais-Pizza

250 g Mehl
½ Würfel frische Hefe (ca. 20 g)
½ TL Salz
5 EL Olivenöl und etwas Öl für das Backblech
150 g Chorizo am Stück (ersatzweise Kabanossi)
1 rote Paprikaschote
1 kleine Dose Mais (ca. 140 g)
100 g eingelegte grüne Peperoni
150 g Manchego (ersatzweise Pecorino)
1 Dose scharfe Pizzasauce (400 g)

Für 8 Stücke
Zubereitung: 40 Min. | Ruhen: 1 Std. | Backen: 20 Min.
Pro Stück ca. 375 kcal, 14 g E, 21 g F, 31 g KH

1 Einen Hefeteig mit Mehl, Hefe, Salz, 125 ml lauwarmem Wasser und mit 4 EL Olivenöl zubereiten und gehen lassen.

2 Ein Backblech oder zwei runde Pizzableche einölen und mit dem Teig auskleiden. Den Backofen auf 220° (Umluft 200°) vorheizen. Die Chorizo in Scheiben schneiden. Die Paprikaschote waschen, putzen und fein würfeln. Mais und Peperoni getrennt abtropfen lassen. Den Manchego grob raspeln.

3 Die Pizzasauce auf den Teig streichen. Chorizo, Paprika und Mais darauf verteilen, mit dem Käse bestreuen und mit restlichem Olivenöl beträufeln. Im Backofen (unten) 15–20 Min. backen.

UND DAZU?
Dazu schmeckt ein einfacher grüner Blattsalat mit Balsamicodressing.

Mangold-Tarte

400 g mehligkochende Kartoffeln | Salz | 75 g Mascarpone | 100 g Mehl | 60 g Hartweizengrieß und etwas Grieß für die Form | Pfeffer | 500 g Mangold | 1 Knoblauchzehe | 2 EL Olivenöl und etwas Öl für die Form | 150 g kleine Strauchtomaten | 125 g Ajvar (Paprikapaste) | 150 g Frischkäse

Für 4 Personen
Zubereitung: 1 Std. | Backen: 35 Min.
Pro Portion ca. 465 kcal, 12 g E, 26 g F, 46 g KH

1 Die Kartoffeln waschen, schälen, würfeln und in Salzwasser in ca. 15 Min. weich kochen. Abgießen und sofort durch die Kartoffelpresse drücken. Mit Mascarpone, Mehl, Grieß, Salz und Pfeffer zu einem glatten Teig verkneten.

2 Den Backofen auf 200° (Umluft 180°) vorheizen. Die Tarteform fetten und mit Grieß ausstreuen. Den Teig in die Form drücken und einen Rand hochziehen. Im Backofen (Mitte) ca. 10 Min. vorbacken.

3 Inzwischen den Mangold waschen und putzen, die Stiele klein würfeln, die Blätter in Streifen schneiden und grob hacken. Die Knoblauchzehe schälen und fein hacken.

4 In einer Pfanne das Olivenöl erhitzen, Mangoldstiele und Knoblauch ca. 2 Min. anbraten, die Mangoldblätter ca. 3 Min. zugedeckt mitdünsten. Salzen und pfeffern.

5 Die Tomaten waschen und ohne Stielansatz in Scheiben schneiden. Das Ajvar auf den vorgebackenen Teig streichen. Den Mangold darauf verteilen, mit Tomaten belegen. Frischkäse mit einem Teelöffel abstechen und auf der Tarte verteilen. Mit Salz und Pfeffer würzen. Tarte im Ofen (2. Schiene von unten) 20–25 Min. backen.

Bunte Gemüse-Quiche

250 g Mehl und etwas Mehl für die Arbeitsfläche | Salz | 100 g Butter | 4 Eier | 250 g Zucchini | 250 g gelbe Herbstrübchen | 250 g Pastinaken | 2 rote Zwiebeln | 2 EL Butter | Pfeffer | 2 TL gehackte Rosmarinnadeln | 250 g Sahne | 2 EL geriebener Greyerzer oder pikanter Gouda

Für 4 Personen
Zubereitung: 45 Min. | Kühlen: 30 Min. | Backen: 40 Min.
Pro Portion ca. 835 kcal, 21 g E, 57 g F, 60 g KH

1 Für den Teig das Mehl mit ½ TL Salz mischen. Die Butter in Flöckchen, 1 Ei und 2–3 EL Wasser hinzufügen, alles mit den Knethaken des Handrührgeräts kurz vermischen, dann mit den Händen auf der bemehlten Arbeitsfläche rasch zu einem glatten Teig verarbeiten.

2 Die Form einfetten. Den Teig auf der bemehlten Arbeitsfläche dünn ausrollen, Form damit auslegen und einen ca. 4 cm hohen Rand formen. Boden mit einer Gabel mehrmals einstechen und den Teig ca. 30 Min. kalt stellen.

3 Für den Belag das Gemüse waschen und putzen oder schälen, alles in ca. 1 cm große Würfel schneiden. Die Zwiebeln schälen, würfeln und in der zerlassenen Butter glasig dünsten. Gemüse dazugeben und ca. 10 Min. mitdünsten. Mit Salz, Pfeffer und Rosmarin würzen.

4 Den Backofen auf 200° (Umluft 180°) vorheizen. Teig (2. Schiene von unten) ca. 10 Min. vorbacken. Für den Guss Sahne, 3 Eier und Käse verrühren.

5 Das Gemüse auf dem Teig verteilen, salzen und pfeffern. Den Guss darübergießen. Quiche im Backofen (2. Schiene von unten) 35–40 Min. backen.

oben: Mangold-Tarte | unten: Bunte Gemüse-Quiche

FAMILIEN-ABENDESSEN

Wenn alle um den Familientisch versammelt sind, gibt es nichts Besseres als ein leckeres Abendessen, bei dem man den Tag Revue passieren lassen kann und zur Ruhe kommt.

SUPER-SCHNELL & SUPER-LECKER

Ofengemüse mit Kapern-Vinaigrette

Die bunten Gemüse lachen uns aus der Vorspeisenvitrine im Ristorante immer besonders an. Jetzt gibt es sie auch endlich zu Hause.

1 Bund Frühlingszwiebeln
1 große rote Paprikaschote
250 g junge Zucchini
2 Möhren
200 g kleine Champignons oder Egerlinge
4 EL Olivenöl
Salz
Pfeffer
½ Bio-Zitrone
¼ Bund Petersilie
1 EL Aceto balsamico
1 EL Kapern

Für 4 Personen
Zubereitung: 25 Min.
Pro Portion ca. 40 kcal, 3 g E, 1 g F, 6 g KH

1 Die Frühlingszwiebeln waschen, putzen und in ca. 5 cm lange Stücke schneiden. Die Paprikaschote waschen, halbieren, putzen und in breite Streifen schneiden. Die Zucchini waschen und in dickere Scheiben schneiden. Die Möhren schälen, längs vierteln und in ca. 5 cm lange Stücke schneiden. Die Pilze mit feuchtem Küchenpapier abreiben und die Stielenden entfernen.

2 Die Gemüse mit 2 EL Olivenöl, Salz und Pfeffer mischen und in eine große ofenfeste Form geben. Den Backofengrill anheizen. Die Gemüse unter die heißen Grillschlangen stellen (etwa 10 cm Abstand) und ca. 12 Min. grillen. Dabei ein- bis zweimal durchrühren.

3 Inzwischen die Zitrone heiß waschen, abtrocknen und die Schale fein abreiben. Die Petersilie waschen und trocken schütteln. Die Blättchen abzupfen und fein hacken. Die Zitronenschale mit dem Balsamico, Salz und Pfeffer verrühren, das übrige Öl unterschlagen. Die Kapern und die Petersilie unterrühren. Die Vinaigrette über das Gemüse geben und lauwarm servieren.

UND DAZU?

Reichen Sie dazu Ciabatta oder Oliven-Ciabatta.

TIPP

Gleich die doppelte Menge Gemüse grillen, die Hälfte davon mit einer Vinaigrette ohne Kapern und Petersilie mischen. Im Kühlschrank hält sich das Gemüse ein paar Tage. Aber: mindestens eine halbe Stunde vor dem Essen aus dem Kühlschrank holen und Zimmertemperatur annehmen lassen.

VARIANTEN

Im Frühling schmeckt diese Mischung gut: grüner Spargel (nur die Enden abschneiden), frische weiße oder rote Zwiebeln (achteln), Kirschtomaten (halbieren) und junge zarte Möhren. Im Herbst mal probieren: Kürbis (in gut 1 cm dicke Scheiben schneiden), rote Zwiebeln (vierteln), Pilze und Paprikaschoten (in Streifen geschnitten).

GEMÜSE SATT

Lauch-Bohnen-Puffer mit Tomatensalat

Die wolkigen Lauch-Bohnen-Puffer sind ein sommerlicher Hochgenuss, ganz besonders in Kombination mit frischem Tomatensalat.

1 Stange Lauch
8 EL Olivenöl
1 Dose weiße Bohnen (ca. 425 ml)
1 Knoblauchzehe
Salz
Pfeffer
400 g gemischte Tomaten (z. B. Cocktail- und Flaschentomaten)
1–2 Prisen Zucker
1 kleine rote Zwiebel
1–2 TL Aceto balsamico
4 Eier (M)
120 g Mehl
2 TL Backpulver
6 EL neutrales Pflanzenöl

Für 4 Personen
Zubereitung: 35 Min. | Ruhen: 10 Min.
Pro Portion ca. 605 kcal, 17 g E, 42 g F, 39 g KH

1 Den Lauch putzen, gründlich waschen und in schmale Ringe schneiden. In einer großen beschichteten Pfanne 4 EL Olivenöl erhitzen und den Lauch darin bei mittlerer Hitze in ca. 5 Min. unter Rühren weich garen. Die Bohnen in einem Sieb abtropfen lassen, dann zum Lauch geben. Den Knoblauch schälen und dazupressen. Alles mit Salz und Pfeffer abschmecken, in eine Schüssel umfüllen und leicht abkühlen lassen.

2 Inzwischen die Tomaten waschen und ohne Stielansätze in Scheiben schneiden. Diese in einer Schale mit dem Zucker bestreuen. Die Zwiebel schälen und in dünne Ringe schneiden, diese auf den Tomaten verteilen. Für das Dressing Essig und übriges Olivenöl verrühren, salzen und pfeffern. Die Vinaigrette über den Tomatensalat träufeln.

3 Eier mit 100 ml kaltem Wasser verquirlen und mit dem abgekühlten Lauch-Bohnen-Gemüse verrühren. Mehl und Backpulver mischen, mit in die Schüssel geben und alles mit einem Schneebesen rasch zu einem glatten Teig verrühren. Mit Salz und Pfeffer würzen und ca. 10 Min. quellen lassen.

4 In der beschichteten Pfanne das Pflanzenöl erhitzen. Von dem Teig esslöffelgroße Portionen abnehmen, in die Pfanne setzen, etwas flach drücken und von beiden Seiten in je 3–4 Min. goldbraun braten. Fertige Puffer auf einem mit Küchenpapier belegten Teller warm halten. Sofort mit dem Tomatensalat servieren.

VARIANTEN

Statt mit weißen Bohnen können Sie die Puffer mit Maiskörnern (aus der Dose) zubereiten. Und beim Tomatensalat können Sie die rote Zwiebel gegen Frühlingszwiebeln in dünnen Scheiben austauschen und / oder den Salat mit frisch gezupften Basilikumblättern bestreuen.

VEGGIE-KNUSPER

Kohlrabischnitzel mit Avocadocreme

Ein (Gemüse-)Kracher im wahrsten Sinne des Wortes: Cornflakes umhüllen bissfeste Kohlrabischeiben und sorgen für den Knusper-Kick.

2 junge Kohlrabi (à ca. 250 g, möglichst mit frischem Grün)
8 EL Olivenöl
Salz
80 g Dinkel-Vollkornflakes
2 EL Kürbiskerne
4 EL Dinkelmehl (Type 1050)
2 Eier (M)
2 EL Limettensaft
300 g rote und gelbe Kirschtomaten
100 g Babyspinat
125 g körniger Frischkäse
1 große reife Avocado
Pfeffer
1 EL Butter

Für 4 Personen
Zubereitung: 1 Std.
Pro Portion ca. 625 kcal, 18 g E, 45 g F, 35 g KH

1 Für die Kohlrabischnitzel die Kohlrabiknollen putzen, zarte grüne Blätter beiseitelegen. Kohlrabiknollen schälen, in ca. ½ cm dicke Scheiben schneiden und in einem breiten Topf in 2 EL Olivenöl 2–3 Min. bei mittlerer Hitze andünsten, dann 5 EL Wasser dazugeben. Die Kohlrabischeiben salzen und zugedeckt bei mittlerer Hitze in 5–7 Min. bissfest dünsten. Kohlrabi aus dem Sud heben und abtropfen lassen, den Sud beiseitestellen und abkühlen lassen.

2 Inzwischen die Dinkel-Flakes in einem Gefrierbeutel mit der Teigrolle fein zerbröseln. Die Kürbiskerne hacken und mit den Flakes auf einem Teller mischen. Das Mehl auf einem weiteren Teller bereitstellen. Die Eier in einem tiefen Teller verquirlen. Die Kohlrabischeiben erst im Mehl wenden, dann in den verquirlten Eiern und zum Schluss im Kürbiskern-Mix. Die panierten Kohlrabischeiben nebeneinander beiseitelegen.

3 Für den Tomatensalat den Kohlrabisud mit 1 EL Limettensaft und 2 EL Olivenöl verrühren. Die Tomaten waschen, vierteln und in dem Dressing wenden.

4 Für die Avocadocreme den Spinat und ca. 20 g zarte Kohlrabiblätter waschen, verlesen und trocken schleudern, die harten Stiele entfernen. Spinat- und Kohlrabiblätter mit dem Frischkäse fein pürieren. Die Avocado halbieren und den Stein herauslösen. Das Fruchtfleisch mit einem Löffel aus der Schale heben, mit 1 EL Limettensaft beträufeln und mit einer Gabel fein zerdrücken. Den Spinat-Mix untermischen, den Dip salzen und pfeffern.

5 Für die Kohlrabischnitzel 4 EL Olivenöl und die Butter in einer großen beschichteten Pfanne erhitzen. Die panierten Kohlrabischeiben darin portionsweise in ca. 2 Min. goldbraun braten, dann wenden und in weiteren ca. 2 Min. fertig braten. Die fertigen Schnitzel auf Küchenpapier abtropfen lassen und im Ofen bei 80° warm halten, bis alle gebraten sind. Kohlrabischnitzel mit der Avocadocreme und dem Tomatensalat servieren.

WÜRZIG & SCHNELL ZUBEREITET

Auberginen-Auflauf

3 Auberginen | 500 g reife Tomaten | 1 Zwiebel | 1 Knoblauchzehe | 250 g Mozzarella | 4 TL Olivenöl | Salz | Pfeffer | 3 EL gehackte Petersilie | 100 g Schafskäse (Feta) | Butter für die Form

Für 4 Personen
Zubereitung: 30 Min. | Backen: 35 Min.
Pro Portion ca. 330 kcal, 19 g E, 25 g F, 8 g KH

1 Ofen auf 190° (Umluft 170°) vorheizen. Die Form einfetten. Auberginen und Tomaten waschen, putzen und in Scheiben schneiden. Zwiebel und Knoblauch schälen, beides hacken. Mozzarella in Scheiben schneiden. Die Grillpfanne pro Portion mit 1 TL Öl einfetten und erhitzen. Auberginen und Tomaten darin je Seite ca. 1 Min. grillen, salzen, pfeffern.

2 Auberginen, Zwiebel, Knoblauch, Tomaten, Mozzarella und Petersilie lagenweise in eine ofenfeste Form schichten. Schafskäse zerbröckeln, obendrauf geben. Im Ofen (Mitte) ca. 35 Min. backen.

Süßkartoffel-Auflauf

1 kg Süßkartoffeln | 1 kleine Stange Lauch | 1 Zucchino | 200 g Cheddar | 2 TL edelsüßes Paprikapulver | 1 TL Kurkumapulver | Salz | Pfeffer | 250 ml Gemüsebrühe | Öl für die Form

Für 4 Personen
Zubereitung: 20 Min. | Backen: 30 Min.
Pro Portion ca. 470 kcal, 17 g E, 22 g F, 50 g KH

1 Süßkartoffeln waschen, schälen und ca. 2 cm groß würfeln. Lauch putzen, gründlich waschen und in ca. 1 cm breite Ringe schneiden. Zucchino waschen, putzen, längs halbieren, in Scheiben schneiden. Käse in Scheiben schneiden.

2 Ofen auf 190° (Umluft 170°) vorheizen. Eine ofenfeste Form einfetten. Süßkartoffeln, Lauch und Zucchino mischen, mit Paprika- und Kurkumapulver, Salz und Pfeffer würzen. In die Auflaufform geben, Brühe zugießen. Käse obenauf legen. Im Ofen (Mitte) ca. 30 Min. backen.

KLASSISCH GUT

Zucchini-Auflauf

1 kleine Zwiebel | 1 Knoblauchzehe | 4 Tomaten | 750 g Zucchini | 250 g Mozzarella | 100 g Parmesan | 1 Bund Basilikum | Salz | Pfeffer | 2 EL Olivenöl | 250 ml Tomaten-Kräuter-Sauce

Für 4 Personen
Zubereitung: 20 Min. | Backen: 20 Min.
Pro Portion ca. 370 kcal, 24 g E, 27 g F, 8 g KH

1 Zwiebel und Knoblauch schälen, beides hacken. Tomaten und Zucchini waschen, putzen und in Scheiben schneiden. Mozzarella ebenfalls in Scheiben schneiden. Parmesan reiben. Basilikum waschen und trocken schütteln, die Blättchen in Streifen schneiden. Zucchini und Tomaten salzen, pfeffern und im Öl auf jeder Seite ca. 1 Min. braten.

2 Ofen auf 200° (Umluft 180°) vorheizen. Sauce, Gemüse, Zwiebel, Knoblauch, Basilikum und Mozzarella in einer ofenfesten Form übereinanderschichten. Mit Parmesan bestreuen. Im Ofen (Mitte) ca. 20 Min. gratinieren.

Kartoffel-Pilz-Auflauf

600 g Kartoffeln | 2 Zwiebeln | 2 Knoblauchzehen | 300 g Champignons | 250 g Mozzarella | 150 g Parmesan | 1 Bund Basilikum | 4 EL gehackte Petersilie | Salz | Pfeffer | 125 ml Gemüsebrühe | 3 EL Semmelbrösel | Öl für die Form

Für 4 Personen
Zubereitung: 15 Min. | Backen: 45 Min.
Pro Portion ca. 470 kcal, 31 g E, 25 g F, 29 g KH

1 Kartoffeln waschen, schälen, in dünne Scheiben hobeln. Zwiebeln und Knoblauch schälen, beides hacken. Pilze putzen. Mit Mozzarella in Scheiben schneiden. Parmesan reiben. Basilikum waschen, trocken schütteln, Blättchen in Streifen schneiden.

2 Ofen auf 180° (Umluft 160°) vorheizen. Eine ofenfeste Form einfetten. Kartoffeln, Zwiebeln, Knoblauch, Pilze, beide Käsesorten und Kräuter in Lagen einschichten, bis alles verbraucht ist. Jede Lage salzen, pfeffern. Mit Brühe begießen, mit Semmelbröseln bestreuen. Im Ofen (Mitte) ca. 45 Min. backen.

NETTE FREUNDE DAZU EINLADEN!

Spaghetti mit Hackbällchen

Spaghetti und Hackfleisch sind ein Dream-Team. Hier werden sie zusätzlich noch im Ofen mit Mozzarella überbacken. Lecker!

2 Zwiebeln
2 Knoblauchzehen
6 EL Olivenöl
1 große Dose stückige Tomaten (ca. 800 g)
Salz
Pfeffer
600 g gemischtes Hackfleisch
1 TL mittelscharfer Senf
1 TL getrockneter Oregano
1 TL rosenscharfes Paprikapulver
500 g Spaghetti
2 Kugeln Mozzarella (250 g)

Für 4–6 Personen
Zubereitung: 35 Min. | Backen: 25 Min.
Pro Portion (bei 6 Personen) ca. 780 kcal, 38 g E, 40 g F, 64 g KH

1 Für die Tomatensauce 1 Zwiebel schälen und fein würfeln. 1 Knoblauchzehe schälen und halbieren, ggf. den grünen Trieb entfernen. Knoblauch fein würfeln.

2 2 EL Olivenöl in einem Topf erhitzen. Zwiebel- und Knoblauchwürfel darin in 1–2 Min. unter Rühren glasig andünsten, die Tomaten aus der Dose dazugeben und ca. 15 Min. einkochen lassen. Sauce mit Salz und Pfeffer würzen.

3 Für die Hackbällchen übrige Zwiebel und restliche Knoblauchzehe schälen, ggf. den grünen Trieb entfernen. Knoblauch und Zwiebel fein hacken und mit Hackfleisch, Senf, Oregano, Paprika und je 1 knappen TL Salz und Pfeffer gründlich verkneten. Aus der Masse 20 walnussgroße Bällchen formen.

4 In einem Topf 5 l Wasser aufkochen lassen, 5 TL Salz und die Spaghetti hineingeben, einmal umrühren und die Nudeln darin nach Packungsangabe in ca. 8 Min. bissfest kochen. Während die Nudeln kochen, in einer großen Pfanne 2 EL Öl erhitzen und die Hackbällchen darin bei mittlerer Hitze rundherum in ca. 5 Min. braun braten.

5 Die Spaghetti in ein Sieb abgießen, kalt überbrausen und abtropfen lassen. Den Mozzarella in Scheiben schneiden.

6 Inzwischen den Backofen auf 180° vorheizen. Eine Auflaufform mit 1 EL Öl ausstreichen. Spaghetti hineingeben, Hackbällchen, Tomatensauce und Mozzarellascheiben (in dieser Reihenfolge) darauf verteilen. Das übrige Öl (1 EL) darüberträufeln. Auflauf im heißen Ofen (Mitte) ca. 25 Min. überbacken, bis der Käse geschmolzen und die Oberfläche leicht gebräunt ist.

BELIEBTER KLASSIKER

Lachs-Lasagne

750 ml Béchamelsauce
½ Bund Basilikum
400 g Lachsfilet
350 g weiße oder grüne Lasagneblätter (ohne Vorkochen)
Salz
Pfeffer
80 g Parmesan
Öl für die Form

Für 4 Personen
Zubereitung: 15 Min. | Backen: 40 Min.
Pro Portion ca. 955 kcal, 38 g E, 57 g F, 71 g KH

1 Béchamelsauce aufwärmen. Basilikum waschen und trocken schütteln, die Blättchen in feine Streifen schneiden und in die Sauce rühren.

Das Lachsfilet ggf. entgräten und in ca. ½ cm dicke Scheiben schneiden. Den Backofen auf 190° (Umluft 170°) vorheizen. Die Form mit Öl einfetten. Den Boden mit etwas Béchamelsauce bedecken.

2 Dann abwechselnd Lasagneblätter, Sauce und Fisch einschichten, bis alles aufgebraucht ist. Jede Schicht salzen und pfeffern. Die letzte Schicht soll aus Sauce bestehen. Den Käse reiben und darüberstreuen. Im Ofen (Mitte) ca. 40 Min. backen.

VARIANTE – MIT AUBERGINEN

400 g Tomaten-Kräuter-Sauce und 500 ml Béchamelsauce zubereiten. 500 g Auberginenscheiben in Öl goldbraun braten. 250 g Mozzarella abtropfen lassen und würfeln. 80 g Parmesan reiben. Die Lasagneblätter, Auberginen, Tomaten-Kräuter-Sauce, Mozzarella, Béchamelsauce, Parmesan lagenweise in die Form schichten, bis alle Zutaten verbraucht sind. Mit Béchamelsauce und Parmesan enden.

Griechische Moussaka

1 kg Auberginen
Salz
4 Tomaten
1 Zwiebel
½ Bund Petersilie
3 EL Olivenöl
300 g Lammhackfleisch
125 ml Gemüsebrühe
¼ TL Zimtpulver
Pfeffer
150 g Joghurt (10 % Fett)
3 Eier
2 EL Mehl
1 Msp. Backpulver
Butter für die Form

Für 4 Personen
Zubereitung: 30 Min. | Backen: 40 Min.
Pro Portion ca. 460 kcal, 24 g E, 33 g F, 16 g KH

1 Die Auberginen waschen, putzen, in Scheiben schneiden, salzen, ca. 30 Min. ziehen lassen. Tomaten waschen, die Hälfte würfeln, den Rest in Scheiben schneiden und dabei die Stielansätze entfernen. Zwiebel schälen, klein schneiden. Petersilie waschen, hacken. 1 EL Öl erhitzen, Zwiebel darin glasig dünsten. Hackfleisch zugeben, ca. 10 Min. mitbraten. Tomatenwürfel, die Hälfte der Petersilie und Brühe unterrühren. Mit Zimtpulver, Salz und Pfeffer würzen. Zugedeckt ca. 20 Min. köcheln lassen. Ofen auf 180° (Umluft 160°) vorheizen.

2 Auberginen trocken tupfen. Übriges Öl erhitzen. Auberginen portionsweise je Seite ca. 1 Min. braten. Eine ofenfeste Form einfetten. Abwechselnd Auberginen und Sauce einschichten. Mit Sauce enden. Tomatenscheiben obenauf legen. Im Ofen (Mitte) ca. 30 Min. backen. Joghurt, Eier, Mehl, Backpulver und übrige Petersilie mischen, salzen und pfeffern. Darübergießen und ca. 10 Min. backen.

MAL WAS ANDERES

Gefüllte Schmorgurken mit Hackfleisch

Schmorgurken einmal anders: mit einer herzhaften Füllung aus Hackfleisch, Speck und Kräutern. Toll dazu die feine Dillcreme.

4 Schmorgurken (à ca. 200 g)
1 Brötchen (vom Vortag)
1 Zwiebel
1 Knoblauchzehe
100 g durchwachsener Räucherspeck
2 EL Butter
1 kg gemischtes Hackfleisch
1 Ei (M)
1 Bund Dill
½ Bund Minze
10 Borretschblätter
Salz
Pfeffer
edelsüßes Paprikapulver
2 TL Dijon-Senf
200 ml Rinderbrühe
100 g Crème fraîche

Für 4 Personen
Zubereitung: 25 Min. | Garen: 45 Min.
Pro Portion ca. 1080 kcal, 58 g E, 87 g F, 14 g KH

1 Die Gurken schälen, längs halbieren und die Kerne herauskratzen. Das Brötchen in etwas Wasser einweichen. Zwiebel und Knoblauch schälen und ebenso wie den Speck fein würfeln. In einer kleinen Pfanne 1 ½ EL Butter zerlassen, Zwiebel und Knoblauch darin goldbraun andünsten. Den Speck dazugeben und kurz mitdünsten, dann die Pfanne von der Herdplatte ziehen.

2 Das Hackfleisch mit dem Ei in eine Schüssel geben. Die Kräuter waschen und trocken schütteln, die Dill- und Minzeblätter abzupfen und mit dem Borretsch fein hacken. 1 EL Dill beiseitelegen. Das Brötchen ausdrücken und zerzupfen. Kräuter, Brötchen und Zwiebel-Speck-Mischung zum Hackfleisch geben und mit den Händen mischen. Mit Salz, Pfeffer, Paprika und 1 TL Senf würzen.

3 Den Backofen auf 220° (Umluft 200°) vorheizen und eine ofenfeste Form mit der übrigen Butter einfetten. Die Hackmasse in acht Portionen teilen und in die Gurkenhälften drücken. Die Gurken in die Form setzen, die Brühe dazugießen und die Form mit Alufolie verschließen. Im heißen Ofen (Mitte) ca. 30 Min. garen. Die Crème fraîche mit übrigem Senf und Dill verrühren. Die Folie abnehmen, die Crème fraîche unter die Brühe rühren und alles weitere ca. 15 Min. garen. Mit Salzkartoffeln servieren.

GUT ZU WISSEN

Die Schmorgurke ist eine enge Verwandte der beliebten Salatgurke, im Gegensatz zu dieser kann man sie jedoch nicht roh in Salat & Co. genießen. Dafür schmeckt sie gedünstet, gebraten und geschmort umso besser. Ihre dicke Schale sollten Sie vor dem Verarbeiten immer entfernen und auch die Kerne im Inneren der Schmorgurke werden nicht mitgekocht. Die Saison von Schmorgurken beginnt im Juli und hält bis in den September hinein an.

Spanischer Gemüseauflauf mit Chorizo

Olé – die kleinen luftgetrockneten Paprikawürstchen aus dem spanischen Spezialitätengeschäft bringen peppige Würze.

500 g festkochende Kartoffeln
2 Zwiebeln
je 1 rote und grüne Paprikaschote
400 g Zucchini
2 EL Olivenöl und etwas Öl für die Form
1 Prise Safranpulver
Salz
Pfeffer
8 kleine Chorizo-Würstchen (ersatzweise scharf gewürzte Paprikawürstchen)
4 Eier
1 Dose stückige Tomaten (ca. 200 g)
100 g Parmesan

Für 4 Personen
Zubereitung: 30 Min. | Backen: 30 Min.
Pro Portion ca. 590 kcal, 33 g E, 40 g F, 23 g KH

1 Kartoffeln waschen und mit Schale in ausreichend Wasser in ca. 20 Min. garen. Abgießen, pellen und in Würfel schneiden.

2 Inzwischen Zwiebeln schälen und fein würfeln. Paprikaschoten waschen, achteln, putzen und in ca. 1 cm große Rauten oder Stücke schneiden. Zucchini waschen, putzen, vierteln und in ca. ½ cm dicke Stücke schneiden.

3 Backofen auf 190° (Umluft 170°) vorheizen. Eine ofenfeste Form mit Öl einpinseln. Das Olivenöl in einer Pfanne erhitzen. Zwiebeln, Paprikaschoten und Zucchini zugeben und ca. 3 Min. anbraten. Mit Safran, Salz und Pfeffer würzen. In einer Schüssel abkühlen lassen.

4 In dieselbe Pfanne die Chorizo geben, ca. 1 Min. anbraten, Kartoffelwürfel dazugeben und in ca. 3 Min. goldbraun braten. Beides unter das Gemüse in der Schüssel mischen. Die Eier verquirlen, mit Salz und Pfeffer würzen. Eier und Tomaten unter die Gemüsemischung rühren, salzen und pfeffern. Die Mischung in die Form füllen. Den Käse reiben und darüberstreuen. Im Backofen (Mitte) ca. 30 Min. backen.

UND DAZU?

Salsa verde auf spanische Art: 1 Bund glatte Petersilie (ca. 150 g) waschen und trocken schütteln. Die Blättchen mit dem Pürierstab pürieren, dabei nach und nach 6 EL Olivenöl untermixen, bis eine Paste entsteht. Mit Salz und Pfeffer würzen. Hält sich im Kühlschrank mit Öl bedeckt und fest verschlossen einige Monate. Auf italienische Art: 1 Bund Basilikum und 1 Knoblauchzehe mit 6 EL Olivenöl in den Mixer geben und alles pürieren. 2 EL Kapern untermischen. Zum Servieren mit Zitronensaft oder Essig abschmecken. Salsa verde können Sie separat als Sauce zum Auflauf servieren oder einige Tupfer auf den Auflauf geben. Sie können sie auch als Dressing für Salat verwenden oder auf geröstetes Brot streichen und als Beilage servieren.

RUSTIKALER KLASSIKER

Krautwickel nach Großmutters Art

Krautwickel sind der Klassiker aus Omas Küche. Am besten mit leckeren Salzkartoffeln oder Kartoffelpüree servieren.

Salz
1 Weißkohl (ca. 1,5 kg)
1 Zwiebel
1 Bund Petersilie
4 EL Öl
2 EL Semmelbrösel
500 g gemischtes Hackfleisch
2 Eier (M)
½ TL getrockneter Thymian
½ TL Chilipulver
1 TL Dijon-Senf
Pfeffer
1 Bund Suppengrün
50 g durchwachsener Räucherspeck (in Scheiben)
500 ml Gemüsebrühe
2 TL Speisestärke
1 TL Worcestersauce

Für 4 Personen
Zubereitung: 45 Min. | Garen: 40 Min.
Pro Portion ca. 580 kcal, 36 g E, 37 g F, 24 g KH

1 In einem großen Topf reichlich Wasser zum Kochen bringen und salzen. Den Strunk großzügig aus dem Weißkohl herausschneiden. Den ganzen Kohl in das kochende Wasser geben und in 6–8 Min. halbweich kochen. Mit dem Schaumlöffel herausheben und kalt abschrecken. Die Blätter vorsichtig ablösen und die Blattrippen etwas flacher schneiden. 8 große Blätter beiseitelegen, 4 Blätter für die Füllung fein hacken.

2 Die Zwiebel schälen und fein würfeln. Die Petersilie waschen und trocken schütteln, die Blätter abzupfen und fein hacken. 1 EL Öl in einer Pfanne erhitzen und die Zwiebel darin goldbraun andünsten. Petersilie und Semmelbrösel dazugeben und unterrühren.

3 Das Hackfleisch in eine Schüssel geben. Zwiebelmischung, Eier, Thymian, Chili, Senf und 2 EL gehackten Weißkohl hinzufügen und alles mit den Händen gut verkneten. Mit Salz und Pfeffer würzen. Die großen Kohlblätter auf der Arbeitsfläche auslegen und je 1–2 EL Fleischteig daraufgeben. Die Kohlblätter seitlich über der Füllung einschlagen und von der unteren Seite her aufrollen. Die Krautwickel mit Küchengarn zusammenbinden.

4 Den Backofen auf 150° (Umluft 130°) vorheizen. Das Suppengrün putzen, waschen bzw. schälen und klein würfeln. Das restliche Öl in einem ofenfesten Bräter erhitzen, den Speck darin knusprig braun braten und wieder herausnehmen. Die Krautwickel im heißen Speckfett auf allen Seiten anbraten. Das Suppengrün dazugeben, die Brühe angießen und die Speckscheiben hinzufügen.

5 Die Krautwickel im heißen Ofen (Mitte) offen ca. 40 Min. garen, dabei ab und zu mit Brühe begießen. Die Krautwickel herausheben und warm halten. Den Fond durch ein Sieb in einen Topf gießen und aufkochen lassen. Die Stärke mit etwas Wasser anrühren und unterrühren. Die Sauce mit Worcestersauce, Salz und Pfeffer abschmecken. Die Krautwickel mit der Sauce servieren. Dazu passen Salzkartoffeln oder Kartoffelpüree.

HERZHAFT & WÄRMEND

Gulaschsuppe mit Paprika

500 g Rinderschulter
2 große Zwiebeln
4 EL Öl
Salz
Pfeffer
2 EL Tomatenmark
je 1 EL edelsüßes und rosenscharfes Paprikapulver
1,25 l Fleischbrühe
300 ml Tomatensaft
je 2 rote und gelbe Paprikaschoten
500 g Kartoffeln

Zutaten für 4–6 Personen
Zubereitung: 45 Min. | Garen: 1 Std. 15 Min.
Pro Portion (bei 6 Personen) ca. 310 kcal, 20 g E, 18 g F, 17 g KH

1 Das Fleisch mit Küchenpapier trocken tupfen und in ca. ½ cm große Würfel schneiden. Die Zwiebeln schälen und fein würfeln. In einem Topf 3 EL Öl erhitzen und das Fleisch darin portionsweise bei starker Hitze je ca. 2 Min. anbraten, salzen und pfeffern, herausnehmen.

2 Das restliche Öl erhitzen und die Zwiebeln bei mittlerer Hitze 3–4 Min. braten. Tomatenmark und beide Sorten Paprikapulver einrühren und kurz anrösten. Das Fleisch hinzufügen, Brühe und Tomatensaft angießen und zum Kochen bringen. Zugedeckt bei mittlerer Hitze ca. 1 Std. 15 Min. garen.

3 Inzwischen die Paprikaschoten waschen, putzen, vierteln, entkernen und in kleine Würfel schneiden. Die Kartoffeln waschen, schälen und in Würfel schneiden. Die Kartoffel- und Paprikawürfel nach ca. 1 Std. Garzeit in den Topf geben und bis zum Schluss mitgaren.

VARIANTE

2 Knoblauchzehen, 1 TL abgeriebene Schale von 1 Bio-Zitrone und 2 TL Kümmelsamen mit ½ TL Salz hacken, diese Paste mit dem Fleisch zur Suppe geben.

TIPP

Die Suppe lässt sich prima auch in einer größeren Menge vorbereiten und als Mitternachtssuppe bei einer Party servieren.

GUT VOR-ZUBEREITEN

Kichererbsen-Hähnchen-Topf

400 g getrocknete Kichererbsen
1 EL gekörnte Gemüsebrühe
800 g Hähnchenbrustfilet
2 Knoblauchzehen
1 EL Honig
2 EL Ras-el-Hanout (aus dem Orientladen)
500 g Möhren
500 g Zucchini
2 Bund Frühlingszwiebeln
4 EL neutrales Öl
Salz
Cayennepfeffer

Für 10 Personen
Zubereitung: 45 Min. | Garen: 1 Std. 15 Min. | Einweichen: 12 Std.
Pro Portion ca. 330 kcal, 27 g E, 13 g F, 27 g KH

1 Die Kichererbsen ca. 12 Std. in kaltem Wasser einweichen. Abgießen, mit 2 l frischem Wasser und der gekörnten Brühe in einem Topf aufkochen und bei mittlerer Hitze ca. 45 Min. garen.

2 Das Hähnchenfleisch kalt abwaschen, trocken tupfen und in ca. 2 cm große Würfel schneiden. Den Knoblauch schälen und fein hacken. Die Hähnchenwürfel mit Knoblauch, Honig und 1 EL Ras-el-Hanout mischen, zugedeckt beiseitestellen und bis zur weiteren Verwendung durchziehen lassen.

3 Möhren schälen und in Scheiben schneiden. Zucchini waschen, putzen und würfeln. Frühlingszwiebeln putzen, waschen und, weiße und grüne Teile separat, in Ringe schneiden. Die gegarten Kichererbsen in ein Sieb abgießen und abtropfen lassen.

4 Öl in einem großen Schmortopf erhitzen. Hähnchenfleisch und weiße Frühlingszwiebeln darin anbraten. Möhren und ½ l Wasser dazugeben und alles ca. 10 Min. bei mittlerer Hitze zugedeckt schmoren lassen. Kichererbsen und Zucchini hinzufügen, den Eintopf mit übrigem Ras-el-Hanout, Salz und Cayennepfeffer würzen und weitere ca. 20 Min. schmoren lassen. Vor dem Servieren das Zwiebelgrün untermischen. Dazu passt Fladenbrot.

Sauerkraut-Auflauf

2 Zwiebeln
300 g vorgegartes Kasseler
1 EL Rapsöl
3 Eier
500 ml Milch
1 Prise gemahlener Kümmel
1 EL Schnittlauchröllchen
Salz
Pfeffer
500 g Sauerkraut (aus der Dose)
500 g mehligkochende Kartoffeln
100 g mittelalter Gouda
Butter für die Form

Für 4 Personen
Zubereitung: 15 Min. | Backen: 45 Min.
Pro Portion ca. 375 kcal, 23 g E, 19 g F, 28 g KH

1 Zwiebeln schälen und klein schneiden. Kasseler in ca. 1 ½ cm große Würfel schneiden. Das Öl erhitzen, die Zwiebeln darin in ca. 3 Min. glasig dünsten. Kasselerwürfel zugeben und ca. 2 Min. mitbraten.

2 Ofen auf 190° (Umluft 170°) vorheizen. Eine ofenfeste Form mit Butter einfetten. Die Eier mit Milch, Kümmel, Schnittlauchröllchen, Salz und Pfeffer verquirlen. Sauerkraut auspressen und salzen. Kartoffeln waschen, schälen, in ca. 2 mm dicke Scheiben schneiden, salzen und pfeffern. Jeweils die Hälfte Kartoffeln und Sauerkraut abwechselnd in die Auflaufform schichten. Kasseler als Mittelschicht daraufgeben. Die übrigen Kartoffeln und den Rest Sauerkraut daraufschichten. Mit Kartoffeln enden. Den Käse reiben, darüberstreuen und mit Eiermilch begießen. Im Ofen (Mitte) ca. 45 Min. backen.

Grünkohl-Salami-Auflauf

1 kg Grünkohl (frisch oder 600 g TK-Ware)
2 Zwiebeln
320 g Kochsalami (oder Kochmettwurst)
400 g mehligkochende Kartoffeln
300 ml Gemüsebrühe
Salz
Pfeffer
1 Prise gemahlene Nelken
1 Prise Zimtpulver
2 EL Senf
1 Prise gemahlener Kümmel
150 g Leerdamer Käse
Butter für die Form

Für 4 Personen
Zubereitung: 30 Min. | Backen: 10 Min.
Pro Portion ca. 585 kcal, 29 g E, 44 g F, 16 g KH

1 Grünkohl waschen, putzen, vom Strunk befreien, halbieren und quer in Streifen schneiden (TK-Grünkohl auftauen lassen). Zwiebeln schälen und klein schneiden. Salami in Scheiben schneiden. Kartoffeln waschen, schälen und in ca. 1 cm große Würfel schneiden. In einem Topf Zwiebeln, Kartoffeln und Grünkohl mit der Brühe aufkochen, salzen, pfeffern und zugedeckt ca. 10 Min. kochen lassen. Mit Nelken- und Zimtpulver, Senf und Kümmel würzen und weitere ca. 10 Min. kochen lassen.

2 Den Backofen auf 190° (Umluft 170°) vorheizen. Eine ofenfeste Form mit Butter einfetten. Den Käse reiben. Gemüse samt Brühe und Wurstscheiben in die Form geben und mit Käse bestreuen. Im Backofen (Mitte) ca. 10 Min. überbacken. Dazu passen Bier und Brot.

oben: Sauerkraut-Auflauf | unten: Grünkohl-Salami-Auflauf

PROVEN-
ZALISCH

Steinbeißer auf Ofengemüse

2 kleine Zucchini (ca. 300 g)
je 1 gelbe und orange Paprikaschote
600 g Steinbeißer- oder Kabeljaufilet
3 EL Zitronensaft
Salz
Pfeffer
8 EL Olivenöl und etwas Öl für die Form
125 ml Gemüsebrühe
2 TL Kräuter der Provence
200 g Kirschtomaten
2 Knoblauchzehen
100 g grüne Oliven

Für 4 Personen
Zubereitung: 30 Min. | Garen: 30 Min.
Pro Portion ca. 385 kcal, 27 g E, 28 g F, 5 g KH

1 Den Backofen auf 200° (Umluft 180°) vorheizen. Die Zucchini waschen, putzen und in dünne Scheiben schneiden. Paprika waschen, putzen, vierteln und in ca. 1 cm breite Streifen schneiden. Das Fischfilet in vier Stücke schneiden. Mit 1 EL Zitronensaft, Salz und Pfeffer würzen.

2 Eine große Gratinform mit Olivenöl einfetten. Zucchini und Paprika darin verteilen. Das Öl, Brühe, 2 EL Zitronensaft, Salz, Pfeffer und Kräuter verrühren und darübergießen. Gemüse im Ofen (Mitte) ca. 10 Min. dünsten. Tomaten waschen. Knoblauch schälen und in Stifte schneiden.

3 Fischfilets, Knoblauch, Oliven und Tomaten auf dem Gemüse verteilen. Mit etwas Dünstflüssigkeit begießen und weitere ca. 20 Min. im Ofen (Mitte) garen.

UND DAZU?

Dazu schmeckt am besten frisches Baguette.

FEIN & SCHNELL

Fischröllchen auf Sahnegemüse

6 Schollen- oder Pangasiusfilets (à ca. 120 g)
2–3 EL Zitronensaft
Salz
Pfeffer
24 Basilikumblätter
300 g Zuckerschoten
2 junge Kohlrabi (ca. 500 g)
200 g Kirschtomaten
2 EL Butter
250 ml Fischfond (aus dem Glas)
125 g Sahne
2 EL heller Saucenbinder

Für 4 Personen
Zubereitung: 45 Min.
Pro Portion ca. 405 kcal, 36 g E, 20 g F, 19 g KH

1 Die Fischfilets trocken tupfen und längs halbieren. Mit 2 EL Zitronensaft, Salz und Pfeffer würzen. Mit je 2 Basilikumblättern belegen, zu Röllchen drehen. Die Zuckerschoten waschen und putzen, größere halbieren. Die Kohlrabi schälen, vierteln und in dünne Scheiben schneiden. Die Tomaten waschen und halbieren.

2 Die Butter in einem breiten Topf erhitzen. Kohlrabi und Zuckerschoten darin ca. 2 Min. andünsten. Die Tomaten darauflegen. Die Fischröllchen dazwischen setzen. Den Fond dazugießen und alles zugedeckt bei schwacher Hitze 10–12 Min. dünsten.

3 Röllchen herausnehmen, warm stellen. Sahne zum Gemüse gießen, aufkochen. Mit Salz, Pfeffer und 1–2 TL Zitronensaft abschmecken. Saucenbinder einrühren. Gemüse zu den Fischröllchen servieren.

WIRD ALLE BEGEISTERN

Schweinefilet mit Schafskäse

Ein schnelles Fleischvergnügen! Noch schneller geht's, wenn Sie anstelle des Weichweizens frisches Fladenbrot als Beilage genießen.

250 g Weichweizen
Salz
1 Bio-Zitrone
100 g entsteinte grüne Oliven
500–600 g Schweinefilet
4 EL Olivenöl
Pfeffer
200 g Schafskäse (Feta)
3 EL Tomatenmark
1 Handvoll Koriandergrün

Für 4 Personen
Zubereitung: 30 Min.
Pro Portion ca. 585 kcal, 48 g E, 25 g F, 39 g KH

1 Den Weichweizen in Salzwasser nach Packungsanweisung bissfest garen. Inzwischen die Zitrone heiß waschen und abtrocknen, die Schale fein abreiben und den Saft auspressen. Die Oliven halbieren.

2 Das Schweinefilet in ca. 1 cm dicke Scheiben schneiden. Das Olivenöl in einer Pfanne erhitzen und die Filetscheiben darin auf beiden Seiten knapp 1 Min. scharf anbraten. Die Hitze reduzieren und das Fleisch mit Salz und Pfeffer würzen. Die Oliven dazugeben, den Schafskäse über der Pfanne zerbröckeln. Zitronenschale und -saft hinzufügen und alles zugedeckt 2–3 Min. garen, bis der Käse zu schmelzen beginnt.

3 Den Weichweizen in ein Sieb abgießen und gut abtropfen lassen. Wieder in den Topf geben und mit dem Tomatenmark mischen. Das Koriandergrün waschen und trocken schütteln, die Blättchen abzupfen und grob hacken.

4 Die überbackenen Filetscheiben mit dem Weichweizen anrichten und das Koriandergrün darüberstreuen.

TIPP
Noch schneller geht's, wenn Sie anstelle des Weichweizens frisches Fladenbrot als Beilage genießen.

GUT ZU WISSEN
Frischer Koriander ist ein besonders vielseitiges Kraut und würzt vor allem in der asiatischen Küche viele Gerichte. Sein Geschmack ist recht einzigartig und für viele Europäer eher gewöhnungsbedürftig. Viele empfinden den Koriandergeschmack sogar als seifig und abstoßend. Vergewissern Sie sich also bei Ihrer Familie und bei Gästen, ob auch jedem frischer Koriander schmeckt, wenn Sie die Schweinefilets anrichten. Sollte jemanden Koriander nicht schmecken, können Sie als Alternative frisch gehackte Petersilie über das Gericht streuen.

IM NU AUF DEM TISCH

Schnitzelchen mit Salsa verde

Presto, presto: Die würzige Petersiliensauce aus Italien ist ein echtes Zaubermittel, um kleine Schnitzel im Nu aufzupeppen.

250 g Langkornreis
Salz
2 Bund Petersilie
1 Zwiebel
4 Sardellenfilets (aus dem Glas, ersatzweise 1–2 TL Sardellenpaste)
2 EL Kapern
2 EL Weißweinessig
100 ml Olivenöl
Pfeffer
400–500 g Schweinefilet

Für 4 Personen
Zubereitung: 25 Min.
Pro Portion ca. 590 kcal, 33 g E, 29 g F, 47 g KH

1 Reis zugedeckt in Salzwasser nach Packungsanweisung garen. Inzwischen Petersilie waschen und trocken schütteln, Blättchen abzupfen und fein hacken.

2 Zwiebel schälen, Sardellenfilets kalt abbrausen und trocken tupfen. Beides fein hacken. Kapern ebenfalls hacken. Zwiebel, Sardellen, Kapern und die Hälfte der gehackten Petersilie mischen. Essig und 4 EL Olivenöl unterrühren und die Salsa verde mit Salz und Pfeffer abschmecken.

3 Fleisch in ca. 1 cm dicke Scheiben schneiden. Restliches Olivenöl in einer Pfanne erhitzen und die Schnitzelchen darin auf jeder Seite ca. 1 Min. braten. Mit Salz und Pfeffer würzen.

4 Schnitzelchen mit der Salsa verde anrichten. Reis, falls nötig, abtropfen lassen, mit der übrigen gehackten Petersilie mischen und dazu servieren.

TIPP

Die Mini-Schnitzel stehen sogar in ca. 15 Min. auf dem Tisch, wenn Sie Kurzzeit-Reis garen und mit TK-Petersilie verfeinern. Und noch schneller geht's, wenn Sie eine fertige Kräutersauce kaufen, zum Beispiel Basilikumpesto oder die in Hessen beliebte Grüne Sauce.

GUT ZU WISSEN

Petersilie gehört zu den bekanntesten und beliebtesten Küchenkräutern und bereichert schon seit der Antike viele Gerichte. Man unterscheidet zwischen der glatten und der krausen Petersilie, der Unterschied zwischen beiden Sorten liegt in der Formung der Blätter. Auch im Geschmack unterscheiden sich beide Sorten. So schmeckt die glatte Variante weitaus intensiver als ihr krauses Pendant. Greifen Sie also eher zur glatten Petersilie, wenn es Ihnen um intensiven Geschmack geht, die krause Petersilie eignet sich dafür besonders gut zu Deko-Zwecken.

GUT VORZUBEREITEN

Bunte Grillspieße mit Rindfleisch

- 1 EL schwarze Pfefferkörner
- 2 Zweige Rosmarin
- 5 kleine Schalotten
- 8–10 frische kleine Knoblauchzehen
- 4 EL Olivenöl und etwas Öl für den Grillrost
- 1 TL Zucker
- Salz
- 1 kleine rote Paprikaschote
- 1 kleiner Zucchino
- 2 dicke Rumpsteaks (à ca. 200 g)
- Schaschlikspieße

Für 4 Spieße
Zubereitung: 35 Min. | Marinieren: 1 Std. | Grillen: 15 Min.
Pro Spieß ca. 290 kcal, 25 g E, 17 g F, 9 g KH

1 Die Pfefferkörner im Mörser grob zerstoßen. Die Rosmarinzweige waschen und trocken schütteln. Die Nadeln abzupfen. 1 Schalotte und 2 Knoblauchzehen schälen, sehr fein hacken und mit Rosmarin, Pfeffer und Öl verrühren.

2 Wasser in einem kleinen Topf mit dem Zucker und 1 Prise Salz aufkochen. Die restlichen Schalotten und Knoblauchzehen schälen und im kochenden Wasser ca. 3 Min. blanchieren, abgießen und eiskalt abschrecken. Paprikaschote und Zucchino waschen, putzen und in Stücke schneiden.

3 Steaks in größere Würfel schneiden und abwechselnd mit Schalotten, Knoblauchzehen, Zucchini- und Paprikastücken auf die Spieße stecken. Die Spieße mit der Marinade einreiben und zugedeckt im Kühlschrank mindestens 1 Std. marinieren.

4 Den Holzkohlengrill anheizen. Die Spieße aus der Marinade nehmen und bei mittlerer Hitze auf dem eingeölten Grillrost insgesamt 12–15 Min. grillen, dabei mehrmals wenden und nach Wunsch mit restlicher Marinade bestreichen. Spieße salzen und servieren.

LECKER AUFGEROLLT

Involtini mit Tomatenfüllung

600 g kleine neue Kartoffeln oder Drillinge
Salz
8 dünne Kalbsschnitzel (à ca. 50 g)
4 EL rotes Pesto (aus dem Glas)
4 dünne Scheiben Parmaschinken
8 getrocknete, in Öl eingelegte Tomaten
4 EL frisch geriebener Parmesan
4 EL Olivenöl
Pfeffer
400 ml Kalbsfond (aus dem Glas, ersatzweise Brühe)
Holzspießchen

Für 4 Personen
Zubereitung: 25 Min.
Pro Portion ca. 535 kcal, 34 g E, 32 g F, 27 g KH

1 Die Kartoffeln waschen und gründlich abbürsten. Längs vierteln und zugedeckt in wenig Salzwasser ca. 15 Min. garen. Inzwischen die Kalbsschnitzel einzeln zwischen zwei Lagen Frischhaltefolie flach (ca. ½ cm) klopfen. Je auf einer Seite mit dem Pesto bestreichen. Die Schinkenscheiben halbieren und je ½ Schinkenscheibe und 1 getrocknete Tomate auf jedes Schnitzel legen. 2 EL Parmesan darüberstreuen. Die Schnitzel aufrollen und mit Holzspießchen feststecken.

2 In einer breiten beschichteten Pfanne ca. 3 EL Olivenöl erhitzen. Die Involtini darin rundherum scharf anbraten, dann bei schwacher Hitze 6–8 Min. braten, zwischendurch wenden und mit Salz und Pfeffer würzen. Herausnehmen und zugedeckt warm halten. Den Fond in die Pfanne gießen und den Bratensatz unter Rühren lösen. Bei starker Hitze auf die Hälfte einkochen lassen.

3 Die Kartoffeln abgießen und im Topf lassen. Das restliche Olivenöl dazugeben und die Kartoffeln rundherum kurz braten. Den übrigen Parmesan unterrühren. Die Involtini mit Sauce und Kartoffelspalten anrichten.

Hähnchenkeulen vom Blech

8 EL Olivenöl
4 Knoblauchzehen
je 1 EL gemahlener Kreuzkümmel und Koriander
2 TL Harissa (Chilipaste)
10 große Hähnchenkeulen (à ca. 250 g)
Salz
3 EL flüssiger Honig
Backpapier für das Blech

Für 10 Personen
Zubereitung: 45 Min. | Backen: 30 Min.
Pro Portion ca. 420 kcal, 34 g E, 29 g F, 6 g KH

1 5 EL Olivenöl in eine große Schüssel geben. Den Knoblauch schälen und dazupressen. Kreuzkümmel, Koriander und 1 TL Harissa unterrühren.

2 Den Backofen auf 200° (Umluft 180°) vorheizen, ein Blech mit Backpapier belegen. Hähnchenkeulen im Gelenk teilen, kalt abwaschen und trocken tupfen. Dann die Hähnchenteile salzen und in der Gewürzmischung wenden. Mit der Hautseite nach unten auf das Blech legen. Die Hähnchenkeulen im heißen Ofen (Mitte) ca. 15 Min. braten.

3 Den Honig mit dem übrigen Öl und dem übrigen Harissa verrühren. Das Blech kurz herausnehmen, die Hähnchenteile wenden und gut mit der Honigmischung einpinseln. Zurück in den Ofen schieben und ca. 15 Min. weiterbraten. Ein weiteres Mal mit der Honigmischung einpinseln, die Grillfunktion zuschalten und die Hähnchenteile in ca. 5 Min. goldbraun übergrillen. Auf einer Platte anrichten und warm oder kalt servieren.

Ofenschnitzel mit Parmesankruste

120 g Haselnusskerne
2 Bund Petersilie
80 g Parmesan
3 Eiweiß
Salz
Pfeffer
10 Schnitzel (Pute oder Kalb, à 150 g, ca. 1 cm dick geschnitten)
ca. 4 EL neutrales Öl
Backpapier für das Blech

Für 10 Personen
Zubereitung: 40 Min. | Backen: 8 Min.
Pro Portion ca. 300 kcal, 36 g E, 16 g F, 1 g KH

1 Haselnusskerne in einer Pfanne ohne Fett bei schwacher Hitze rösten, bis sie duften. Abgekühlt die Häutchen abrubbeln und Kerne grob hacken. Die Petersilie waschen, trocken schütteln und die Blätter fein schneiden. Den Parmesan reiben.

2 Die Eiweiße mit 1 Prise Salz zu festem Schnee schlagen. Gehackte Haselnusskerne, Parmesan und Petersilie untermischen, mit Pfeffer abschmecken.

3 Den Backofen auf 200° vorheizen, ein Blech mit Backpapier belegen. Die Schnitzel salzen. In einer großen Pfanne jeweils 1–2 EL Öl erhitzen und die Schnitzel darin portionsweise von jeder Seite ca. 1 Min. bei starker Hitze anbraten. Nebeneinander auf das Blech legen und die Parmesan-Kräuter-Mischung daraufgeben.

4 Den Backofengrill zuschalten, das Blech in den heißen Ofen schieben (oben) und die Schnitzel darin ca. 8 Min. überbacken, bis die Kruste Farbe angenommen hat. Auf eine vorgewärmte Platte heben und Schnitzel sofort servieren.

oben: Hähnchenkeulen vom Blech | unten: Ofenschnitzel mit Parmesankruste

WINTERLICHER GRILLSPASS

Raclette mit Gemüse

Der Fantasie sind keine Grenzen gesetzt bei diesem winterlichen Grillvergnügen. Ein großer Spaß für die ganze Familie!

1 kg kleine mehligkochende Kartoffeln (z. B. Bintje oder Primura)
Salz
600 g Raclette-Käse
150 g Kirschtomaten
1 gelbe Paprikaschote
200 g Brokkoli
100 g Möhren
1 dünne Lauchstange
je ½ Bund Petersilie und Schnittlauch
250 g Rinderfilet
200 g rohe, aufgetaute TK-Garnelen (ungeschält)
Pfeffer

Für 4 Personen
Zubereitung: 45 Min.
Pro Portion ca. 810 kcal, 64 g E, 46 g F, 35 g KH

1 Die Kartoffeln gründlich waschen und in Salzwasser zugedeckt bei mittlerer Hitze in ca. 30 Min. weich kochen.

2 Inzwischen den Käse in Scheiben schneiden und auf einer Platte anrichten. Die Tomaten waschen und halbieren. Die Paprikaschote waschen, putzen und in sehr kleine Würfel schneiden.

3 Den Brokkoli waschen, putzen und in kleine Röschen teilen, die Stiele schälen und in ca. 1 cm dicke Scheiben schneiden. In kochendem Salzwasser ca. 3 Min. blanchieren, abgießen, abschrecken und abtropfen lassen.

4 Die Möhren schälen, den Lauch waschen und putzen, beides in sehr feine Scheiben bzw. Ringe schneiden. Die Kräuter waschen und trocken schütteln, die Blätter abzupfen und hacken.

5 Das Filet trocken tupfen und quer zur Faser in dünne Scheiben schneiden. Die Garnelen waschen, aus der Schale lösen und trocken tupfen.

6 Das Raclettegerät vorheizen. Alle Zutaten in Schälchen auf den Tisch stellen. Die Kartoffeln abgießen und ungeschält zu Tisch bringen. Auf der Abdeckplatte des Raclettegerätes warm halten.

7 Gemüse, Fleisch, Garnelen und Kräuter nach Belieben in die Raclettepfännchen legen, leicht salzen und pfeffern. Mit einer Scheibe Käse belegen. Im Raclettegerät in ca. 10 Min. goldbraun braten.

TAUSCHTIPP

Das Fleisch durch Deftiges wie Räucherspeck, Schinken, Salami oder Bündner Fleisch ersetzen, die Garnelen durch Fischfilet aller Art.

UND DAZU?

Saures oder eingelegtes Gemüse wie Cornichons, Mixed Pickles, Maiskölbchen, Oliven und Chilischoten. Außerdem Sahne zum Verfeinern und Gewürze wie Cayennepfeffer, Muskatnuss und gemahlener Kreuzkümmel.

SÜSSES UND OBST

Egal, ob süßer Snack oder delikates Dessert, hier werden die Schleckermäulchen der Familie garantiert verwöhnt – Süßes mit Suchtfaktor.

Heidelbeer-Buttermilch-Pfannkuchen

250 g Mehl
1 EL Zucker
1 TL Backpulver
3 Eier (M)
500 g Buttermilch
4–5 EL Butter
1 Prise Salz
200 g Heidelbeeren
Puderzucker zum Bestäuben (nach Belieben)

Für 4 Personen:
Zubereitung: 25 Min. | Ruhen: 20 Min.
Pro Portion ca. 495 kcal, 17 g E, 22 g F, 57 g KH

1 Mehl, Zucker und Backpulver mischen. Eier trennen, die Eigelbe mit Buttermilch und der Mehlmischung mit den Quirlen des Handrührgeräts verrühren. Den Teig ca. 20 Min. ruhen und quellen lassen. Dann 3 EL Butter in einem kleinen Topf schmelzen lassen und unter den Teig mischen. Eiweiße mit dem Salz steif schlagen und unter den Teig heben. Die Heidelbeeren verlesen, falls nötig, vorsichtig abbrausen und trocken tupfen.

2 In einer beschichteten Pfanne etwas Butter schmelzen lassen. Mit einem Esslöffel nach und nach etwas Teig abnehmen und als kleine Pfannkuchen in die Pfanne setzen. Teigküchlein mit ein paar Heidelbeeren bestreuen, ca. 2 Min. bei mittlerer Hitze backen, umdrehen und in ca. 2 Min. fertig backen. Den Vorgang so lange wiederholen, bis alle Zutaten verbraucht sind. Wer mag, stäubt zum Schluss noch etwas Puderzucker über die Pfannkuchen.

Sauerrahmpfannkuchen mit Himbeeren

1 Bio-Zitrone
1 Vanilleschote
3 Eier (M)
1 Eigelb (M)
125 g saure Sahne
100 g Mehl
1 Prise Salz
2 EL Zucker
1 EL Butter
500 g Himbeeren
2 EL Puderzucker

Für 4 Personen:
Zubereitung: 25 Min.
Pro Portion ca. 345 kcal, 11 g E, 13 g F, 43 g KH

1 Backofen auf 200° (Umluft 180°) vorheizen. Zitrone heiß waschen und abtrocknen, Schale fein abreiben und Saft auspressen. Vanilleschote längs halbieren, Mark herauskratzen. Eier trennen. Eigelbe mit Vanillemark, Zitronenschale, saurer Sahne, Mehl und Salz mit den Quirlen des Handrührgeräts verrühren. Eiweiße mit dem Zucker steif schlagen und unter die Sauerrahmmasse heben.

2 Etwas Butter in einer großen beschichteten Pfanne (ofenfest!) schmelzen lassen. Mit einem Esslöffel nach und nach Teig abnehmen, als kleine Pfannkuchen in die Pfanne setzen und ca. 5 Min. im Ofen backen. Wenden, in ca. 2 Min. fertig backen. Den Vorgang wiederholen, bis der Teig aufgebraucht ist.

3 Zwischendurch die Himbeeren verlesen. Zitronensaft mit Puderzucker und einem Drittel der Himbeeren pürieren. Fruchtpüree durch ein Sieb streichen und mit den restlichen Himbeeren mischen. Mit den Pfannkuchen servieren.

links: Sauerrahmpfannkuchen mit marinierten Himbeeren | rechts: Heidelbeer-Buttermilch-Pfannkuchen

Sandwaffeln mit Beerensalat

Ein beerenstarkes Dessert, das nach einer einfachen Suppe am Mittag ebenso köstlich schmeckt wie nach einem feinen Abendessen.

200 g frische Erdbeeren
200 g frische Himbeeren
100 g frische Heidelbeeren
4 EL Puderzucker
etwas Zitronensaft
175 g Butter
125 g Zucker
Salz
etwas abgeriebene Orangenschale
1 Pck. Vanillezucker
4 Eier
100 g Mehl
100 g Speisestärke
¼ TL Backpulver
2 EL Rum (ersatzweise etwas Rumaroma)
100 g Crème fraîche
Fett fürs Waffeleisen
Puderzucker zum Bestäuben

Für 6 Waffeln
Zubereitung: 60 Min.
Pro Stück ca. 665 kcal, 8 g E, 37 g F, 71 g KH

1 Für den Beerensalat die Beeren verlesen, evtl. abbrausen, gut abtropfen lassen und putzen. Ca. 50 g Erdbeeren und 50 g Himbeeren mit dem Puderzucker mischen, ca. 3 Min. ziehen lassen. Anschließend durch ein feines Sieb streichen.

2 Das Püree mit den restlichen Beeren mischen. Den Beerensalat mit Zitronensaft abschmecken und bis zum Servieren zugedeckt kühl stellen.

3 Für die Waffeln die Butter zerlassen und bei schwacher Hitze leicht bräunen. Die lauwarme Butter ohne den Bodensatz in eine Rührschüssel gießen und vollständig abkühlen lassen. Dann mit Zucker, 1 Prise Salz, Orangenschale und der Hälfte des Vanillezuckers schaumig rühren. Die Eier einzeln einrühren.

4 Mehl, Speisestärke und Backpulver mischen und unterrühren. Rum und Crème fraîche mischen, ebenfalls untermengen. Den Teig bei Zimmertemperatur zugedeckt ca. 10 Min. ruhen lassen.

5 Das Waffeleisen vorheizen, die Backflächen dünn einfetten. 3 EL Teig in die Mitte der unteren Backfläche geben, das Waffeleisen schließen. Die Waffeln nacheinander in ca. 2 Min. goldgelb backen. Auf einen Kuchenrost legen und weiter so verfahren, bis der Teig verbraucht ist. Den restlichen Vanillezucker mit Puderzucker mischen, die heißen Waffeln damit bestreuen. Den Beerensalat dazu servieren.

VARIANTE

Nach Belieben frisch geschlagene Sahne und bzw. oder Vanilleeis dazu reichen.

TAUSCHTIPP

Statt frischer Früchte können Sie auch eine TK-Beerenmischung verwenden. Diese rechtzeitig aus der Tiefkühltruhe nehmen und die Beeren bei Zimmertemperatur auftauen lassen.

TOLLE VARIANTE

Mandelwaffeln

75 g weiche Butter und etwas Butter fürs Waffeleisen
75 g Zucker
Salz
etwas abgeriebene Zitronenschale
½ Pck. Vanillezucker
2 Eier
175 g Mehl
½ TL Backpulver
7 EL Sahne
etwas Mineralwasser
50 g Mandelblättchen
Puderzucker zum Bestäuben

Für 6 Waffeln
Zubereitung: 40 Min.
Pro Stück ca. 385 kcal, 8 g E, 23 g F, 38 g KH

1 Butter, Zucker, 1 Prise Salz, Zitronenschale und den Vanillezucker schaumig rühren. Die Eier einzeln einrühren. Mehl und Backpulver mischen und abwechselnd mit der Sahne und einem Schuss Mineralwasser unterrühren. Die Mandelblättchen unter den Teig ziehen.

2 Das Waffeleisen vorheizen, die Backflächen dünn einfetten. 2 EL Teig in die Mitte der unteren Backfläche geben, das Waffeleisen schließen. Die Waffeln nacheinander in ca. 2 Min. goldgelb backen. Auf einen Kuchenrost legen und weiter so verfahren, bis der Teig verbraucht ist. Die warmen Waffeln mit gesiebtem Puderzucker bestäuben.

UND DAZU?

Besonders lecker dazu ist eine fruchtige Sauce: Dafür in einer kleinen Pfanne 30 g Butter mit 75 g Honig, dem Saft von 1 Limette und 2 Orangen sowie etwas Orangenschale cremig einkochen lassen. 2 EL Orangenlikör (nach Belieben) und 100 g Erdbeer- oder Ananaswürfelchen untermischen. Lauwarm zu den Waffeln servieren.

SAHNIG & LOCKER

Belgische Waffeln

250 g Sahne | 500 g Erdbeeren (ersatzweise Pfirsiche aus der Dose) | 250 g weiche Butter und etwas Butter fürs Waffeleisen | 100 g und 2 EL Zucker | Salz | 1 Pck. Vanillezucker | 6 Eier | 250 g Mehl | 125 g Crème fraîche | Puderzucker zum Bestäuben

Für 12 Waffeln
Zubereitung: 50 Min.
Pro Stück ca. 445 kcal, 7 g E, 32 g F, 32 g KH

1 Sahne steif schlagen, kalt stellen. Erdbeeren putzen, würfeln, mit 2 EL Zucker mischen. Zugedeckt beiseitestellen. Butter, Zucker, 1 Prise Salz und Vanillezucker schaumig rühren. Die Eier einzeln einrühren. Mehl und Crème fraîche unterrühren.

2 Das Waffeleisen vorheizen, die Backflächen dünn einfetten. Jeweils 2 EL Teig auf die unteren Backflächen geben und die Waffeln in 2–3 Min. goldgelb backen. Mit gesiebtem Puderzucker bestäuben, Sahne und Erdbeeren darauf anrichten.

Holländische Waffeln

150 g weiche Butter und etwas Butter fürs Waffeleisen | 50 g Zucker | Salz | ½ Pck. Vanillezucker | 6 Eier | 200 g Mehl | 2 EL Rum (ersatzweise Milch) | 150 g Sahne | Puderzucker zum Bestäuben

Für 8 Waffeln
Zubereitung: 40 Min.
Pro Stück ca. 400 kcal, 8 g E, 27 g F, 28 g KH

1 Butter, Zucker, 1 Prise Salz und Vanillezucker schaumig rühren. Die Eier einzeln einrühren. Das Mehl daraufsieben, mit dem Rum unterrühren. Die Sahne nicht ganz steif schlagen und unterziehen.

2 Das Waffeleisen vorheizen, die Backflächen dünn einfetten. Jeweils 3 EL Teig in die Mitte der unteren Backfläche geben, das Waffeleisen schließen. Die Waffeln nacheinander in 2–3 Min. goldgelb backen. Auf einen Kuchenrost legen, noch warm mit gesiebtem Puderzucker bestäuben. Diese Waffeln schmecken besonders gut zu heißer Schokolade oder aromatischem Tee.

SOMMERLICH LECKER

Rote Grütze mit Pumpernickel-Knusper

Das beliebte Dessert im Sommer wird hier mit knusprig karamellisiertem Pumpernickel und sahnig-cremiger Dickmilch kombiniert.

250 g Sauerkirschen
je 150 g Erdbeeren, Himbeeren, Schwarze und Rote Johannisbeeren
2 EL Speisestärke
300 ml Kirschnektar
½ Vanilleschote
7 EL Zucker
1–2 EL Kirschwasser (nach Belieben)
2 Scheiben Pumpernickel
2 EL Butter
3 EL Mandelblättchen
3 EL Puderzucker
200 g Dickmilch
150 g Sahne

Für 4 Personen
Zubereitung: 40 Min.
Pro Portion ca. 605 kcal, 8 g E, 27 g F, 79 g KH

1 Für die Grütze die Kirschen waschen und die Stiele entfernen, die Früchte verlesen und entsteinen. Die Beeren vorsichtig waschen und verlesen. Die Erdbeeren putzen und je nach Größe in Stücke schneiden, die Johannisbeeren von den Rispen streifen. Die Stärke mit 3 EL Kirschnektar glatt rühren, den restlichen Nektar in einen Topf geben.

2 Die Vanilleschote längs aufschneiden und mit einem spitzen Messer das Mark herauskratzen. Vanilleschote und -mark in den Topf geben und den Nektar unter Rühren aufkochen. Die angerührte Stärke in den kochenden Saft geben und bei schwacher Hitze ca. 3 Min. kochen lassen, bis sie leicht bindet. Die Kirschen und Beeren dazugeben, 4 EL Zucker und nach Belieben das Kirschwasser unterrühren und 1–2 Min. sanft köcheln lassen. Den Topf von der Herdplatte ziehen, Vanilleschote entfernen und die Rote Grütze abkühlen lassen.

3 Inzwischen für den Knusper die Pumpernickelscheiben in kleine Stücke hacken. Die Butter in einer kleinen beschichteten Pfanne zerlassen. Pumpernickel und Mandelblättchen hineingeben und den Puderzucker darüberstäuben. Unter Rühren bei mittlerer Hitze rösten, bis der Zucker leicht karamellisiert und die Mandeln schön gebräunt sind. Den Knusper auf Küchenpapier abkühlen lassen.

4 Die Dickmilch mit 3 EL Zucker glatt rühren. Die Sahne mit den Schneebesen des Handrührgeräts leicht anschlagen und unter die Dickmilch rühren. Die Rote Grütze mit dem Pumpernickel-Knusper und der Sahnedickmilch servieren.

Vanillejoghurt-Obstsalat

1 Vanilleschote
2 EL Zitronensaft
300 g gemischte Trauben (grün und blau)
1 Apfel
1 große Birne
4 EL Puderzucker
100 g Heidelbeeren (frisch oder TK)
100 g Joghurt
4 EL Mandelblättchen

Für 4 Personen
Zubereitung: 20 Min. | Marinieren: 30 Min.
Pro Portion ca. 265 kcal, 5 g E, 9 g F, 39 g KH

1 Vanilleschote aufschlitzen, das Mark herauskratzen und die Hälfte davon mit dem Zitronensaft mischen. Trauben waschen, von den Stielen zupfen, halbieren und entkernen. Apfel und Birne waschen, vierteln, das Kerngehäuse herausschneiden. Beides klein würfeln und sofort gut mit den Trauben, dem Zitronensaft und 3 EL Puderzucker mischen und zugedeckt ca. 15 Min. ziehen lassen.

2 Die Heidelbeeren waschen, verlesen, abtropfen lassen, TK- Beeren auftauen. Joghurt mit übrigem Vanillemark und Puderzucker glatt rühren. Die Mandelblättchen in einer Pfanne ohne Fett hellbraun anrösten und abkühlen lassen. Joghurt und Heidelbeeren unter das Obst mischen und weitere ca. 15 Min. ziehen lassen. Vor dem Servieren durchrühren und mit Mandelblättchen bestreuen.

VARIANTEN

Je nach Saison schmecken auch mal Pfirsiche, Aprikosen, Erdbeeren oder Himbeeren.

Limetten-Obstsalat

2 Orangen
1 Bio-Limette
1 Stängel Zitronengras
60 g Zucker
1 reife Papaya
1 Babyananas
1 Stück Honigmelone (ca. 400 g)
4 EL Kokosraspel oder -späne

Für 4 Personen
Zubereitung: 30 Min. | Kühlen: 2 Std.
Pro Portion ca. 275 kcal, 3 g E, 10 g F, 38 g KH

1 Den Saft von 1 Orange auspressen. Limette heiß waschen, abtrocknen, halbieren, die Schale von einer Hälfte abreiben, den Saft beider Hälften auspressen. Die unteren ca. 10 cm vom Zitronengras vierteln, dann möglichst fein hacken. 50 ml Wasser, Zucker, Zitronengras, Orangen-, Limettensaft und -schale in einem Topf aufkochen lassen, dann bei starker Hitze ca. 8 Min. sirupartig einkochen lassen. Vom Herd nehmen und abkühlen lassen.

2 Die Papaya halbieren, Kerne entfernen, schälen und in Stücke schneiden. Die Ananas putzen, schälen und in Stücke schneiden. Die Melone schälen, Kerne herausschneiden, dann in Stücke schneiden. Von der übrigen Orange die Schale samt weißer Haut wegschneiden und filetieren. Alles mit abgekühltem Limettensirup mischen und zugedeckt ca. 2 Std. kühl stellen. Zum Servieren mit Kokosspänen oder -raspeln bestreuen.

VARIANTE

Für den kleinen Zusatz-Asia-Kick noch 3–4 Stücke kandierten Ingwer oder in Sirup eingelegten Ingwer fein hacken und untermischen.

oben: Vanillejoghurt-Obstsalat | unten: Limetten-Obstsalat

SCHMECKT NACH URLAUB

Bananenquark mit Nüssen

3 Bananen | 2 EL Zitronensaft | 250 g Speisequark (20 % Fett) | 30 g Zucker | Zimtpulver (nach Belieben) | 100 g Sahne | 2 EL flüssiger Honig | 50 g Pekannusskerne | 50 g getrocknete Cranberrys

Für 4 Personen
Zubereitung: 15 Min.
Pro Portion ca. 420 kcal, 11 g E, 20 g F, 47 g KH

1 Anderthalb Bananen schälen, mit dem Zitronensaft beträufeln und mit einer Gabel fein zerdrücken. Anschließend mit dem Quark und dem Zucker verrühren und nach Belieben mit etwas Zimt abschmecken. Die Sahne steif schlagen und unter den Bananenquark heben.

2 Den Quark auf vier Schälchen verteilen und mit dem Honig beträufeln. Die restlichen Bananen schälen, in dünne Scheiben schneiden und auf dem Quark anrichten. Pekannusskerne und Cranberrys über den Quark streuen und servieren.

Mango-Joghurt-Creme

1 Mango | 500 g griechischer Joghurt (10 % Fett) | 40 g Zucker | 1 EL flüssiger Honig | ½–1 TL gemahlener Kardamom | 1 EL Limettensaft | gehackte Pistazienkerne zum Garnieren

Für 4 Personen
Zubereitung: 15 Min.
Pro Portion ca. 265 kcal, 6 g E, 15 g F, 28 g KH

1 Die Mango schälen, das Fruchtfleisch vom Stein und in kleine Würfel schneiden. 100 g abwiegen, mit dem Stabmixer fein pürieren und mit dem Joghurt und dem Zucker verrühren. Die restlichen Mangostückchen vorsichtig mit Honig, Kardamom und Limettensaft verrühren.

2 Den Joghurt auf Gläser oder Schälchen verteilen und die Mangowürfel darauf anrichten. Mit den gehackten Pistazienkerne garnieren.

KLASSIKER AUF NEUE ART

Mandelquark mit Stachelbeeren

400 g Stachelbeeren | 100 g Zucker | 40 g Mandelblättchen | 10 g Puderzucker | 50 ml Milch | 50 g Mandelmus (aus dem Bioladen) | 500 g Speisequark (20 % Fett) | Bittermandelaroma

Für 4 Personen
Zubereitung: 20 Min.
Pro Portion ca. 435 kcal, 21 g E, 20 g F, 42 g KH

1 Die Beeren putzen, waschen und abtropfen lassen. 250 ml Wasser mit 50 g Zucker aufkochen. Beeren portionsweise 1–2 Minuten darin garen, bis sie weich sind. Herausheben und abtropfen lassen.

2 Mandelblättchen in einer beschichteten Pfanne kurz anrösten, den Puderzucker darüberstreuen, leicht karamellisieren und abkühlen lassen. Milch und Mandelmus verrühren, mit Quark, restlichem Zucker und ein paar Tropfen Bittermandelaroma glatt rühren. Quark auf vier Schälchen verteilen, Stachelbeeren und Mandeln darauf anrichten.

Orangen-Limetten-joghurt

2 Orangen | 1 Bio-Limette | 500 g cremiger Joghurt | 200 g Crème fraîche | 80 g brauner Zucker | 2 EL brauner Rum (54 %; nach Belieben) | 80 g Baisers bzw. Merengues

Für 4 Personen
Zubereitung: 15 Min.
Pro Portion ca. 455 kcal, 6 g E, 25 g F, 49 g KH

1 Orangen schälen, sodass auch die weiße Innenhaut entfernt wird. Fruchtfilets aus den Trennhäutchen schneiden. Saft auffangen und Orangenreste etwas auspressen. Limette heiß waschen, trocken reiben, Schale mit dem Zestenreißer abziehen, Saft auspressen. Limetten- und Orangensaft mit Joghurt, Crème fraîche, 50 g Zucker und nach Belieben Rum verrühren. Baisers in einen Gefrierbeutel füllen und mit dem Nudelholz grob zerstoßen. Mit dem Joghurt verrühren und auf vier Gläser verteilen. Mit dem restlichen braunen Zucker bestreuen, Orangenfilets darauf verteilen und mit Limettenschale bestreuen.

Orangengrieß mit Rhabarberkompott

Schmeckt wie bei Oma: Samtiger Grieß mit fruchtigem Kompott weckt beim Löffeln Erinnerungen an glückliche Kindertage.

350 g Rhabarber
2 EL Honig
1 kleine Bio-Orange
250 ml Milch
1 EL Butter
2 EL Zucker
80 g Hartweizengrieß
1 Ei
4 EL gehackte Pistazienkerne

Für 2 Personen als Hauptgericht, für 4 als Dessert
Zubereitung: 15 Min.
Pro Portion (bei 4 Personen) ca. 325 kcal, 10 g E, 15 g F, 38 g KH

1 Den Rhabarber waschen, putzen und die Fäden abziehen, größere Stangen eventuell schälen. Die Stangen in 2–3 cm lange Stücke schneiden und mit dem Honig und 3–4 EL Wasser in einen kleinen Topf geben. Zugedeckt aufkochen und 1–2 Min. leicht köcheln lassen. Das Rhabarberkompott in eine Schüssel umfüllen und beiseitestellen.

2 Die Orange heiß waschen und abtrocknen. Die Schale fein abreiben und den Saft auspressen. Die Milch mit der Butter, dem Zucker und der Orangenschale aufkochen. Den Grieß unter ständigem Rühren einrieseln und bei schwacher Hitze 2–3 Min. ausquellen lassen. Den Topf von der Herdplatte ziehen, das Ei und den Orangensaft unter den Grieß rühren.

3 Den Orangengrieß mit dem Rhabarberkompott anrichten und mit den gehackten Pistazienkernen bestreuen.

VARIANTEN

Grieß und Kompott lassen sich im Handumdrehen immer wieder abwandeln. Wie wäre es mit einem leicht säuerlichen Zitronengrieß, begleitet von eher mildem Birnen- oder Pfirsichkompott? Oder Sie würzen den Grieß mit etwas gemahlener Vanille bzw. Vanillezucker und servieren dazu ein Kompott aus säuerlichen Äpfeln. Ebenfalls fein: geriebene Schokolade unter den Grieß rühren und schmelzen lassen, dazu ein Kompott aus Sauerkirschen zubereiten.

GUT ZU WISSEN

Viele wird es überraschen, dass Rhabarber eigentlich ein Gemüse ist und zu den Knöterichgewächsen gehört. Über Asien, wo der Rhabarber schon lange bekannt war, gelangte das Gemüse nach Europa und erfreute sich ab dem 18. Jahrhundert immer größerer Beliebtheit. Da in den Blättern und Stielen der Pflanze Oxalsäure vorkommt, sollten magenempfindliche Personen sowie Kinder nicht zu viel von dem Kompott essen.

GUT VORZUBEREITEN

Pflaumen-Trifle

500 g Pflaumen
50 g Zucker
250 ml roter Johannisbeersaft
1 Zimtstange
2 Gewürznelken
1 EL Vanillepuddingpulver
50 g Schokoraspel
250 g Mascarpone
250 g Quark
100 g Puderzucker
1 Pck. Vanillezucker
250 g Sahne
2 dunkle Biskuitböden (Fertigprodukt; 250 g)
40 g Zartbitterschokolade

Zutaten für 4–6 Personen
Zubereitung: 40 Min. | Kühlen: 4 Std.
Pro Portion (bei 6 Personen) ca. 925 kcal, 13 g E, 66 g F, 68 g KH

1 Die Pflaumen waschen, längs vierteln und entsteinen. Den Zucker mit 150 ml Johannisbeersaft, Zimtstange und Nelken in einen Topf geben. Saft zum Kochen bringen und ca. 5 Min. köcheln lassen. Gewürze entfernen und die Pflaumen dazugeben.

2 Das Puddingpulver mit 50 ml Johannisbeersaft verrühren, unter das Kompott rühren und 3–4 Min. mitköcheln lassen. Die Schokoraspel unter das Kompott rühren und das Ganze abkühlen lassen.

3 Den Mascarpone mit Quark, Puderzucker und Vanillezucker cremig rühren. Die Sahne steif schlagen und unterheben.

4 Die Biskuitböden in Würfel schneiden und in eine Glasschüssel geben. Mit dem restlichen Johannisbeersaft beträufeln. Das abgekühlte Pflaumenkompott darauf verteilen. Auf das Kompott die Mascarponecreme geben und glatt streichen. Das Trifle mindestens 4 Std., am besten aber über Nacht, durchziehen lassen.

5 Vor dem Servieren die Zartbitterschokolade raspeln und auf das Trifle streuen.

DAS BAMBINI-TIRAMISU

Kinder-Tiramisu

250 g Kokoszwieback (möglichst im Mini-Format)
150 g Heidelbeeren
3 EL Kakaopulver etwas Kakaopulver zum Bestreuen
500 g Mascarpone
250 g Magerquark
3 EL Honig
4 Mohrenköpfe

Zutaten für 4–6 Personen:
Zubereitung: 30 Min. | Kühlen: 3–4 Std.
Pro Portion (bei 6 Personen) ca. 745 kcal, 16 g E, 51 g F, 56 g KH

1 In einer rechteckigen Auflaufform die Hälfte der Zwiebackscheiben flach auf dem Boden verteilen, große Zwiebackscheiben vorher halbieren. Die Heidelbeeren waschen, gut abtropfen lassen und die Hälfte davon zwischen dem Zwieback in der Form verteilen.

2 Kakaopulver mit 5 EL kaltem Wasser glatt verrühren, dann mit 250 ml kochend heißem Wasser verrühren. Den Kakao zur Hälfte über den Zwieback und die Beeren gießen und kurz einweichen lassen.

3 Inzwischen den Mascarpone mit dem Quark und dem Honig mit den Quirlen des Handrührgeräts möglichst schaumig schlagen. Die Mohrenköpfe von den Böden befreien und ganz zum Schluss rasch einrühren.

4 Die Hälfte der Mascarponemasse auf dem eingeweichten Zwieback verstreichen. Darauf den restlichen Zwieback sowie die übrigen Beeren verteilen. Den restlichen Kakao, falls nötig, nochmals erhitzen und ebenfalls darüber verteilen, die übrige Mascarponemasse daraufstreichen. Das Kinder-Tiramisu mit ein wenig Kakaopulver bestäuben und 3–4 Stunden zugedeckt durchkühlen und ziehen lassen.

KÖSTLICHE KOMBINATION

Birnen-Walnuss-Crumble mit Vanillesauce

Hier zeigt sich der Herbst von seiner schönsten (süßen) Seite. Zum fruchtigen Crumble gibt's selbt gemachte Vanillesauce. Himmlisch!

800 g kleine Birnen (z. B. Forelle)
je 2 EL Zitronen- und Birnendicksaft
1 TL abgeriebene Bio-Orangenschale
150 g Walnusskerne
200 g Dinkelmehl (Type 1050)
100 g Vollrohrzucker
100 g sehr kalte Butter (in Stückchen)
250 g kernlose grüne Weintrauben
1 Vanilleschote
250 ml Milch
2 Eigelb

Für 4–6 Personen
Zubereitung: 40 Min. | Backen: 30 Min.
Pro Portion (bei 6 Personen) ca. 605 kcal, 11 g E, 34 g F, 62 g KH

1 Die Birnen vierteln und schälen. Das Kerngehäuse entfernen, die Birnenviertel längs oder quer in dünne Scheiben schneiden. Den Zitronensaft mit dem Birnendicksaft und der Orangenschale verrühren. Die Birnen mit der Mischung beträufeln und ca. 15 Min. marinieren.

2 Inzwischen den Backofen auf 200° vorheizen. Für die Streusel die Walnusskerne fein mahlen. Nüsse mit Mehl, 80 g Zucker und der kalten Butter vermengen und mit den Händen zu Streuseln bröseln. Trauben in ein Sieb geben, kalt abbrausen, abtropfen lassen, von den Stielen zupfen und halbieren.

3 Die Birnen in eine ofenfeste Form (ca. 30 × 20 cm) füllen, die Trauben darauf verteilen. Die Streusel großzügig darüberstreuen und den Crumble im Ofen (Mitte) in ca. 30 Min. goldbraun backen. Birnen-Walnuss-Crumble aus dem Ofen nehmen und vor dem Servieren etwas abkühlen lassen.

4 Inzwischen für die Vanillesauce die Vanilleschote längs aufschneiden und das Mark herauskratzen. Vanilleschote und -mark, Milch und den übrigen Zucker in einem kleinen Topf langsam erhitzen und 2–3 Min. unter Rühren bei schwacher Hitze offen köcheln lassen, dann vom Herd nehmen. Die Vanilleschote entfernen.

5 Die Eigelbe mit 3 EL heißer Milch verrühren, dann in die nicht mehr kochende Vanillemilch gießen. Diese Mischung unter ständigem Rühren vorsichtig erhitzen, bis die Vanillesauce sämig wird. Die Sauce nach Belieben lauwarm oder kalt zum Crumble servieren. (Zum blitzschnellen Abkühlen den Topf mit der Sauce in Eiswasser stellen und die Sauce schlagen, bis sie kalt geworden ist.)

FÜR GENIESSER

Schokotöpfchen

8 Erdbeeren
8 Physalis
4 Löffelbiskuits
4 Cantuccini
60 g Kakaopulver
80 g Zucker
1 Pck. Bourbon-Vanillezucker
Zimtpulver
1 TL Speisestärke
250 ml Milch
20 g Vollmilchschokolade
80 g Sahne
20 ml Weinbrand (nach Belieben)

Für 4 Personen
Zubereitung: 20 Min.
Pro Portion ca. 415 kcal, 10 g E, 18 g F, 53 g KH

1 Zunächst die Teller vorbereiten, da die Schokolade die ganze Zeit gerührt werden muss und danach sofort serviert wird. Dafür die Erdbeeren waschen und trocken tupfen. Die Hüllblätter der Physalis öffnen und nach hinten klappen. Je 1 Kaffeetasse auf die 4 Dessertteller stellen. Früchte, Löffelbiskuits und Cantuccini daneben anrichten.

2 Kakao, Zucker, Vanillezucker, 1 Prise Zimt und die Speisestärke gründlich mischen. In einem Topf mit 100 ml Milch glatt rühren, dann die restliche Milch dazugeben. Die Mischung erhitzen und unter ständigem Rühren bei schwacher bis mittlerer Hitze ca. 10 Minuten ziehen lassen, bis sie schön andickt.

3 Die Schokolade darin schmelzen lassen und die Sahne unterrühren. Nach Belieben den Weinbrand unterrühren, die Schokolade in die Tassen füllen und warm servieren. Bei Tisch Obst und Kekse in die Schokolade tauchen.

TAUSCHTIPPS

Wer mag, ersetzt Erdbeeren und Physalis durch Bananen- und Ananasstücke. Auch Apfelspalten und Weintrauben lassen sich in die heiße Schokolade tauchen.

WIE ZU OMAS ZEITEN

Schokoladenpudding

150 g Block- oder Zartbitterschokolade
2 frische Eier
75 g Zucker
1 Pck. Vanillezucker
500 ml Milch
50 g Speisestärke
30 g Zartbitterkuvertüre

Für 4 Personen
Zubereitung: 20 Min.
Pro Portion ca. 480 kcal, 11 g E, 25 g F, 53 g KH

1 Die Schokolade in Stücke brechen. Die Eier trennen, die Eiweiße beiseitestellen. Die Eigelbe mit 50 g Zucker und dem Vanillezucker mit den Quirlen des Handrührgeräts cremig aufschlagen.

2 100 ml Milch mit der Speisestärke glatt rühren. Die restliche Milch erhitzen und die Schokolade darin schmelzen lassen. Die angerührte Speisestärke einrühren und weiterrühren, bis die Masse dicklich wird. Den Pudding vom Herd nehmen und die Eigelbcreme unterrühren.

3 Die Eiweiße mit dem restlichen Zucker nicht zu steif schlagen und locker unter den Pudding rühren.

4 Den Schokopudding in eine Schale oder vier Dessertgläser füllen. Die Kuvertüre mit einem scharfen Messer in Späne schneiden und auf den Schokopudding streuen.

VOLL IM TREND

Erdnusseis

200 g Sahne
100 ml Milch
30 g Zucker
1 Pck. Bourbon-Vanillezucker
150 g grobes Erdnussmus (aus dem Bioladen)
2 Eigelb

Für 4 Personen
Zubereitung: 20 Min. | Kühlen: mind. 4 Std.
Pro Portion ca. 475 kcal, 15 g E, 38 g F, 16 g KH

1 Sahne, Milch, Zucker und Vanillezucker in einem Topf erwärmen, bis sich der Zucker gelöst hat. Das Erdnussmus hinzufügen und unter Rühren weiter erwärmen, bis es sich gelöst hat.

2 Die Eigelbe verquirlen und unter die Eismasse rühren. Vom Herd nehmen und abkühlen lassen, anschließend kühl stellen.

3 Die Creme in die Eismaschine geben und darin gefrieren lassen. Alternativ die Eismasse in eine Metallschüssel füllen, ca. 4 Stunden zugedeckt ins Tiefkühlfach stellen und mindestens alle 30 Minuten gründlich durchrühren, damit die Eiskristalle nicht zu groß werden.

4 Vom fertigen Eis mit einem Eisportionierer oder einem Esslöffel Kugeln abstechen und in vier Becher oder Gläser setzen. Wer mag, serviert dazu noch Karamellsauce und streut grob gehackte gesalzene Erdnüsse darüber.

GANZ EINFACH

Johannisbeer-Sorbet

500 g Johannisbeeren | 125 ml roter Johannisbeersaft | 175 g Zucker | 1 ganz frisches Eiweiß | 2 EL Cassislikör (nach Belieben)

Für 6 Personen
Zubereitung: 25 Min. | Kühlen 4 Std.
Pro Portion ca. 160 kcal, 2 g E, 0 g F, 36 g KH

1 Johannisbeeren waschen und von den Rispen streifen. Johannisbeersaft mit 150 g Zucker und 100 ml Wasser aufkochen, Beeren (bis auf ein paar Stück zum Garnieren) dazugeben und 3–4 Min. köcheln lassen. Mischung abkühlen lassen und durch ein Sieb streichen.

2 Eiweiß mit dem restlichen Zucker steif schlagen. Cassislikör nach Belieben unter die Johannisbeermasse rühren. Eischnee darunterziehen. Masse in eine Metallschüssel füllen und ca. 4 Std. in das Tiefkühlfach stellen. Ab und zu umrühren.

3 Fertiges Sorbet in Gläser füllen, mit restlichen Johannisbeeren garnieren und sofort servieren.

Melonen-Minze-Sorbet

1 Honig-, Galia- oder Cantaloup-Melone (ca. 750 g) | 1 Bio-Limette | 1 Stängel Minze | 75 g Puderzucker | Minzeblättchen für die Deko

Für 6 Personen
Zubereitung: 25 Min. | Kühlen: 4 Std.
Pro Portion ca. 85 kcal, 1 g E, 0 g F, 20 g KH

1 Melone halbieren, Fruchtfleisch aus der Schale lösen, Kerne entfernen. Fruchtfleisch würfeln. Limette heiß waschen, 1 TL Schale abreiben, den Saft auspressen. Minze waschen, trocken schütteln, Blättchen von den Stielen zupfen.

2 100 ml Wasser mit Puderzucker, Limettenschale und -saft und Minzeblättchen aufkochen. Ca. 3 Min. köcheln lassen. Minzeblättchen entfernen. Melone zugeben, kurz aufkochen, dann abkühlen lassen.

3 Abgekühlte Masse pürieren, durchrühren und in eine Edelstahlschüssel füllen. Melonenpüree ca. 4 Std. ins Gefrierfach stellen. Ab und zu umrühren. Sorbet in Gläser füllen und mit Minze garnieren.

EINFACH FÜRSTLICH

Fürst-Pückler-Terrine

Diese klassische Eiskombination von Vanille, Erdbeer und Schokolade ist zeitlos und erfreut zu jeder Gelegenheit.

1 Vanilleschote
200 ml Milch (3,8 % Fett)
4 Eigelb (M)
120 g Zucker
50 g Zartbitterkuvertüre
250 g Erdbeeren
1 Spritzer Zitronensaft
2 EL Erdbeer- oder Granatapfelsirup
450 g Sahne
Puderzucker zum Bestäuben
Kastenform (1,5 l Inhalt)

Für 4–6 Personen
Zubereitung: 1 Std. 30 Min. | Frieren: 12 Std.
Pro Portion (für 6 Personen) ca. 455 kcal, 6 g E, 32 g F, 36 g KH

1 Die Vanilleschote längs aufritzen und das Mark herausschaben. Schote, Mark und Milch in einem kleinen Topf aufkochen lassen, Vanilleschote entfernen. In einem zweiten Topf ein heißes Wasserbad vorbereiten.

2 Eigelbe und Zucker in einem Schlagkessel mit dem Schneebesen glatt verrühren. Die heiße Vanillemilch zügig unter Rühren zugießen. Die Schüssel auf das heiße Wasserbad setzen und mit einem Gummispatel zur Rose abziehen.

3 Die Masse durch ein feines Sieb streichen und in drei Portionen teilen. Die Kuvertüre fein hacken und in einer Portion schmelzen. Die anderen Portionen auf einem kalten Wasserbad kalt rühren.

4 100 g Erdbeeren waschen, trocken tupfen und entkelchen. Mit Zitronensaft und Sirup fein pürieren. Das Püree unter eine Vanillemasse ziehen. Die Sahne cremig fest aufschlagen und dritteln. Je ein Drittel unter jede Eismasse heben.

5 Die Form mit feuchter Frischhaltefolie auslegen. Die Erdbeermasse einfüllen und ca. 1 Std. tiefkühlen. Die anderen beiden Parfaitmassen inzwischen abgedeckt kühl stellen. Sobald die Oberfläche der Erdbeermasse fest ist, die Vanillemasse daraufgeben und wieder ca. 2 Std. tiefkühlen. Zuletzt die Schokomasse einfüllen und mindestens 9 Std. oder über Nacht tiefkühlen.

6 Die Form ca. 20 Min. vor dem Servieren aus dem Tiefkühlgerät nehmen. Die Terrine stürzen, die Folie abziehen. 150 g Erdbeeren waschen, trocken tupfen, entkelchen und halbieren. Die Hälften auf die Erdbeerschicht legen. Die Terrine mit Puderzucker bestäuben und in Scheiben geschnitten servieren.

Register

IMPRESSUM

König & Berg ist ein Imprint der GRÄFE UND UNZER VERLAG GmbH

© 2017 GRÄFE UND UNZER VERLAG GmbH, München.

Alle Rechte vorbehalten.

Nachdruck, auch auszugsweise, sowie Verbreitung durch Bild, Funk, Fernsehen und Internet, durch fotomechanische Wiedergabe, Tonträger und Datenverarbeitungssysteme jeder Art nur mit schriftlicher Genehmigung des Verlages.

AUTOREN
Susanna Bingemer, Susanne Bodensteiner, Petra Casparek, Erika Casparek-Türkan, Sebastian Dickhaut, Elisabeth Döpp, Tanja Dusy, Hans Gerlach, Angelika Ilies, Anne Kamp, Martin Kintrup, Martina Kittler, Kristiane Müller-Urban, Stevan Paul, Margit Proebst, Jörn Rebbe, Dagmar Reichel, Christiane Schäfer, Cornelia Schinharl, Christa Schmedes, Monika Schuster, Frauke Ubrich, Cora Wetzstein, Christian Willrich

BILDNACHWEIS
Günter Beer: 85; Barbara Bonisolli: 4, 38, 133; Food Art Factory/Einwanger: 63, 83, 91, 119, 140; Julia Hoersch: 7, 11, 42, 75, 86, 135; Coco Lang: 15; Anne Rogge/Jan Jankovic: 8, 9, 33; Jörn Rynio; 16, 19, 26, 27, 28, 29, 32, 34, 57, 60, 67, 68, 76, 80, 88, 89, 92, 93, 96, 101, 103, 113, 121, 122, 123, 127, 128, 129, 136, 138; Wolfgang Schardt: 20, 21, 37, 116; Ulrike Schmid/Sabine Mader: 12, 13, 22, 23, 35, 48, 53, 64, 65, 69, 70, 71, 73, 77, 79, 95, 99, 100, 104, 105, 110, 115, 125, 132, 137, 139; Studio L'Eveque, Tanja & Harry Bischof: 25, 31, 54, 55; Thorsten Suedfels: 41, 43, 45, 47, 50, 51, 59, 107, 109, 111, 130

Umschlag: Food Factory/Einwanger (vorne unten rechts, hinten oben links), Julia Hoersch (hinten oben rechts, hinten unten rechts), Jörn Rynio (vorne unten links, hinten oben Mitte), Ulrike Schmid/Sabine Mader (Klappe hinten, vorne oben Mitte, hinten unten links), Thorsten Suedfels (vorne oben links, vorne oben rechts)

GESAMTPRODUKTION DER DEUTSCHEN AUSGABE
h3a GmbH, München

UMSCHLAG UND INNENLAYOUT
Zero Werbeagentur, München

REPRODUKTION
Repro Ludwig, Zell am See

DRUCK UND BINDUNG
Polygraf Print, Prešov

Dieses Buch gibt die Meinung der Autoren wieder. Es soll Informationen zum Thema des Buches liefern, stellt aber keinerlei professionelle Dienstleistung seitens der Autoren und des Verlags dar. Die Autoren und der Verlag übernehmen keinerlei Verantwortung und Haftung für etwaige Schäden oder Risiken, persönliche und andersartige, die als direkte oder indirekte Folge des Gebrauchs und der Anwendung irgendeines der Inhalte dieses Buches auftreten.

ISBN: 978-3-8338-6221-2
1. Auflage 2017